LANOO
(Christian Anders)

DER WAHRE BANKENSCHWINDEL UND WAS MAN DAGEGEN TUN KANN

DAS NEUE ZINSFREIE GELDSYSTEM

IMPRESSUM

Schriftsatz und Gestaltung: Elke Straube
Cover: Tom Seifert
Herstellung: Books on Demand GmbH
ISBN: 978-3-937699-96-7

Vergessen Sie „Nieten in Nadelstreifen" von Günther Ogger

Dabei handelt es sich doch nur um „peanuts". Der WAHRE Bankenschwindel wird HIER in DIESEM Buch aufgezeigt, aber auch, was man dagegen tun kann. Ich plädiere übrigens ganz vehement für die Einführung eines ST. SCHNEIDER - Tages. Der Immobilienhändler Schneider ist für mich ein Held, hat er doch die Dummheit, Gier und Korruption der meisten Banken in ihrer ganzen Bandbreite demonstriert. Doch mit dem **wahren** Bankenschwindel hat auch Schneider nichts zu tun. Das haben andere zu verantworten. Wer diese Leute wirklich sind, wie sie arbeiten und wie sie uns belügen und betrügen, das wird zum ersten Mal in diesem Buch beschrieben.

Christian Anders
Berlin September 2020

„Geld wird jedes Mal GESCHAFFEN, wenn Banken Geld „verleihen“, für das sie nichts getan haben außer es zu drucken, und es VERSCHWINDET immer, wenn die Schuld zurückbezahlt wird. Das ist es, was den „Reichtum“ so gefährlich macht: Dass er Geld ZERSTÖRT, gerade dann, wenn es am meisten gebraucht wird. Es bleibt uns daher nichts anderes übrig, als tiefer und tiefer in die Schuld der Banken zu fallen, um eine wachsende Summe Geldes zu beschaffen, welche nötig ist, damit die Nation wächst und gedeiht. Ein EHRLICHES Geld- bzw. Währungssystem ist hier die einzige Alternative.“

Frederick Soddy¸ Nobelpreisträger

Das Privateigentum wurde erfunden, um die Unterordnung unter das Gesetz etwas schmackhafter zu machen.

BERTRAND RUSSELL,
englischer Philosoph und Nobelpreisträger
(1872 - 1970)

Deutschland ist pleite, und das schon seit vielen Jahren. Jetzt kann man es auf „CORONA“ schieben!

Christian Anders

VORWORT

„Beifall werdet ihr nicht bekommen für dieses Buch..."

Das Manuskript ist fertig. Das Manuskript für ein Buch, in dem Christian Anders mit gewohnt spitzer Feder die Finanzsituation in Deutschland beleuchtet. Wie immer nach gründlicher Recherche und mit verblüffendem Insiderwissen. Belegt mit Zahlen und Bankberichten. Und doch kein gewöhnliches Buch. Gelegentlich hat er in den letzten Wochen bei Auftritten und Lesungen schon einmal ein paar Fakten angedeutet. Das Spektrum der Reaktionen reicht von ungläubigem Erstaunen bis hin zu spontaner Zustimmung.

Eine Leserin aus Kuepps ruft an und sagt: „Das Buch will ich haben, wenn es fertig ist. Der Herr Anders hat wieder mal genau den Finger drauf. Aber eins sage ich euch gleich: Beifall werdet ihr nicht bekommen für dieses Buch; dazu ist es viel zu direkt. Aber was er sagt, ist wahr. Und was wahr ist, wird sich durchsetzen, auch wenn es erst viel später ist."

Und wieder einmal... (beim AIDS-Buch war es ähnlich) scheint kurz vor der Veröffentlichung ein anderes Medium bestätigen zu wollen, was Christian Anders behauptet:

Die BILD - Zeitung schreibt im Artikel "*Unsere Städte und Gemeinden gehen pleite*" über entsprechende „Finanzdramen". Jörg Quoos stellt nur zwei Zahlen gegenüber – 148 Milliarden

Gewinn für eine Hand voll Manager und 62% der deutschen Arbeitnehmer, die bereit sind, für den Erhalt ihres Arbeitsplatzes weniger zu verdienen. Er kommentiert unter dem Motto „Gier und Augenmaß" und endet mit der Erkenntnis, dass „Deutschland sicher schneller aus der Krise kommt, wenn ALLE wieder etwas mehr an die Gemeinschaft und etwas weniger an sich denken."
Genau, Herr Quoos, und das ist die Überleitung zu Christian Anders, der uns dafür eine praktische Lösung anbietet: **Das neue zinsfreie Geldsystem.**

Elke Straube, Verlegerin

P.S. Sogar die Wortwahl des Kommentators erinnert mich an das eben geschriebene Manuskript. Christian Anders verwendet ebenfalls Formulierungen wie „eine Hand voll" oder „Gier" im Zusammenhang mit den Wenigen, die sich bewusst bereichern.

Lieber Leser,
gleich vorneweg, wer nun so - Entschuldigung - naiv ist und argumentiert **"Zinsloses Geldsystem"? Aber wir sind doch im Augenblick bei Null Prozent Zinsen,** dem muss ich folgendes sagen:
Im Laufe des Buches werden Sie lernen, dass wir NIEMALS Null Prozent Zinsen haben oder haben werden. Hier nur ein Hinweis: Der Deutsche zahlt im Augenblick FÜNFHUNDERT MILLIONEN EURO ZINSEN **PRO TAG** AN DIE BANKEN! So wird der Deutsche verballhornt. „Die da oben“ wollen, dass man am liebsten nur die Maske trägt und keine Fragen stellt. Man lese und staune:

1. Jeden Tag zahlt uns die Dritte Welt hunderte Millionen Dollar Zinsen! Die der Dritten Welt gewährte tägliche Entwicklungshilfe ist jedoch nur halb so groß!

2. Auf je 100 Euro geleistete Arbeit kommen heute fast 50% Zinsen als Industriekosten.

3. Von dem Geldvermögen in der Bundesrepublik gehören 4% der ersten Bürgerhälfte und 96% der zweiten Bürgerhälfte.

Zu welcher Bürgerhälfte gehören Sie, lieber Leser?

Dies fragt Sie
Ihr Christian Anders.

Inhaltsverzeichnis

Die Schaffung eines Geldes,
das sich nicht horten lässt,
würde zur Bildung von Eigentum
in wesentlicher Form führen.

Albert Einstein

Das heutige monetäre System ist ein Fluch, doch es kann ein Segen werden und sein, wenn man die Ratschläge bzw. Forderungen des Autors in diesem Buche befolgt.
Ich fordere die Korrektur des Artikels 88 (Bundesbank) im Grundgesetz! Durch diese Reformierung des Geldrechtes wird eine tragfähige Grundlage für die Lösung der ökonomischen und sozialen Probleme in unserem Lande geschaffen.
Der 21.12.1992 kann als Unglückstag in die Geschichte der Bundesrepublik eingetragen werden. Dort wurden die Aufgaben und Befugnisse der Bundesbank einer anderen Bank übertragen, nämlich der Europäischen Zentralbank im Rahmen der Europäischen Union. Diese Europäische Zentralbank ist unabhängig und dem vorrangigen Ziel der Sicherung der Preisstabilität verpflichtet. Unabhängig von wem? Unabhängig vom Staat, unabhängig von der Gesellschaft. Man höre und staune: Die EZB, die EUROPÄISCHE ZENTRALBANK, hat ihren Sitz in Frankfurt am Main, also in Deutschland. Und doch ist sie keine deutsche Angelegenheit, sondern eine EUROPÄISCHE Einrichtung. Sie ist unabhängig, d.h., keine Regierung und kein Parlament in den europäischen Staaten kann der EZB irgendwelche Anweisungen geben. Die EZB HERRSCHT UNABHÄNGIG UND UNEINGESCHRÄNKT: Die EZB samt Bundesbank ist eine BANKDIKTATUR, die EZB werden wir nicht mehr los, es sei denn, dieses kleine Buch weckt die Verantwort-

lichen auf. Selbst und vor allem die europäische Kommission, der Ministerrat und das Europaparlament haben keine Weisungsbefugnis gegenüber der EZB. Die nationalen Notenbanken der europäischen Staaten, in denen der Euro ab 01.01. 2002 die vorher gültigen Landeswährungen ersetzt, sind seit dem 01.01.1999 NICHT MEHR SELBSTÄNDIG, sondern der EZB als FILIALEN unterstellt. DER EURO ist das MACHTINSTRUMENT der EZB über ganz Europa. Sie werden von NIEMANDEM kontrolliert, die EZB ist darum nicht staatlich, sondern AUSSERSTAATLICH. Wir haben uns da ein Kuckucksei ins Nest gelegt.

Wer nun einwendet bzw. die „Staatslüge" glaubt, nämlich dass die Bundesbank etc. ja eine Staatsbank sei, der hat das Ganze eben noch nicht begriffen. Die Bundesbank ist, ebenso wie die Österreichische Nationalbank sowie auch die US-amerikanische Federal Reserve Bank im PRIVATBESITZ. Da haben einige das ganz große Los gezogen und vom Staat das Recht zugesprochen bekommen, GELD zu erzeugen (sich auch mit Aktien an diesem Schwindel zu beteiligen); Geld, für dessen Druck sie nur PFENNIGE bzw. CENTS bezahlen (im Vergleich zu der zu druckenden jeweiligen MILLIARDENsumme). Durch diesen Trick hat man dem Staat das Recht genommen, sein eigenes Geld zu drucken. DARUM muss sich der Staat Geld von den Banken borgen, und zwar gegen Zinsen. Lieber Leser, eine Hand voll Familien hat nach und nach durch Jahrhunderte die Kontrolle erlangt durch Schaffung von Zentralbanken in verschiedenen ökonomischen Zentren der Welt. Dies begann erst in Kontinental-Europa, dann in England und dann in Amerika durch das Federal Reserve Act (Gesetz, durch das man dem Staat das bisherige Recht, Geld zu drucken, abgaunerte). Ein paar Familien also besitzen diese Banken, obwohl man uns in den Medien etc. weismachen will, dass sie staatliche Banken sind, daher auch Namen wie Bank of England, Federal Reserve (sic) Bank of New York, Bank of France, Deutsche Bundesbank etc. Das alles sind keine Einrichtungen oder Institutionen, die von dem Volk für das Volk existieren, sondern all diese, DIE BUNDESBANK eingeschlossen, sind VÖLLIG PRIVATE INSTITUTIONEN UND BANKEN, die für den Profit einiger weniger operieren, denn diese wenigen, diese paar Familien sind die BESITZER dieser Banken, unsere Deutsche so genannte „Bundesbank“ eingeschlossen. Wer sind nun diese Besitzer? Die Rothschild-Familie ist nur eine der Besitzerfamilien, die anderen sind alle im *BUCH DES LICHTS* genannt. Die Banken der Welt sind in folgendem Besitz:

PRIVAT: U.S. Federal Reserve, Deutsche Bundesbank.
PRIVAT+STAATLICH: Zentralbanken in Belgien und Japan.

STAATLICH: Zentralbanken in Frankreich, England und China; BIS - Banken für Internationale Angelegenheiten, Basel und Schweiz sowie der INTERNATIONAL MONETARY FUND, Washington D.C., USA.

Dies ist natürlich nur die halbe Wahrheit, denn hinter den Bankenfamilien und Hierarchien stehen immer noch OKKULTE Logen, die wahren Herrscher. Doch darüber mehr im *BUCH DES LICHTS.*

Und ich füge hinzu: Die UN ist der Handlanger dieser Banken, errichtet, um die EINE-WELT-REGIERUNG zu etablieren.

Wie konnte es überhaupt dazu kommen, dass dem Staat das Recht entzogen wurde, sein eigenes Geld zu drucken? Was ich hier nur in einigen Sätzen erklären kann, ist in meinen Büchern *Der Sinn des Lebens* und *DAS BUCH DES LICHTS* beschrieben. Für jetzt nur soviel: Den Bürgern in Amerika (wo bis dahin der STAAT das Geld MIT GROSSEM ERFOLG druckte) und hier bei uns in Europa wurde eingeredet, der Staat könne sein Geldschöpfungsmonopol MISSBRAUCHEN, etwa durch willkürliches Anwerfen der Notenpresse etc. Darum wäre es klüger, das Geldmonopol in die Hände von verantwortungsbewussten „Experten“ (nämlich privaten Bankiers) zu legen – die sich in Geldsachen auskennen und das natürlich niemals missbrauchen würden (haha). Dann kam Schwindeltrick Nummer 2. Die Herren Banker, nun, da sie die Macht über das Geld besaßen, erklärten dem dummen Staat bzw. seinen Vertretern, dass der Staat ZINSEN für das aufgenommene Geld AN DIE BANKER zahlen müsse, um ihn (den Staat) auf diese Art zu zwingen, verantwortungsbewusst zu wirtschaften (haha).

Zur Auflockerung ein kleines Gedicht von Sir Josiah STAMP, Präsident der Bank von England:

„Den Bankern gehört die Erde. Nehmt ihnen die Erde, aber lasst ihnen die Macht,
Rücklagen zu bilden, und mit einem Federstrich werden sie genügend
Rücklagen schöpfen, um sie (die Erde) wieder zurückzukaufen.
Immerhin, nehmt sie ihnen weg, dann würden alle großen Vermögen
der Banker gleich dem meinen verschwinden.
Dann würden wir in einer glücklicheren und besseren Welt leben.
Aber wenn Sie wünschen, die Knechte der Bankleute zu bleiben und
ihnen noch die Kosten für ihre eigene Knechtschaft zu zahlen,
dann lasst sie weiter Rücklagen schöpfen."

Ist dies nicht ein niedliches kleines Gedicht? Reimt sich zwar nicht, aber macht Sinn, oder? Doch nun weiter:
Jetzt kann diese EZB via Bundesbank allein darüber entscheiden, wem sie öffentliche Gelder

aushändigt; Gelder, die sie übrigens selbst gegen geringste Unkosten aus dem „Nichts“ erschafft und schöpft, wie wir noch sehen werden. Lieber Leser, das Geld wird von der Notenbank gedruckt und dann vom Staat legitimiert. Von da ab hat der Staat aber kein Sagen mehr. Er ist nur noch Erfüllungsgehilfe der Banken bzw. jetzt der Europäischen Zentralbank.

Mit anderen Worten: Die Bundesbank kann den Bundesbürgern die Banknoten unmittelbar übergeben oder aber über den Umweg der Bundesregierung, der Landesregierungen oder anderen Institutionen, z.B. privaten Geschäftsbanken. Und genau das tut die „Bundesbank“. Und darin liegt auch der, mit Verlaub gesagt, Schwindel. Die Bundesbank gibt das Geld den GESCHÄFTSBANKEN, denen sie dieses Geld nur gegen ZINSEN überlässt. Die Geschäftsbanken geben dann die Gelder weiter an Kreditnehmer, ganz gleich, ob dies ein Privatmann oder der Staat selber ist, ABER IMMER GEGEN ZINSEN; ist ja auch ganz klar, weil die BUNDESBANK ja bereits Zinsen von den Geschäftsbanken verlangt. Darum müssen alle, sei es eine kreditnehmende Firma oder der Staat selber, den Geschäftsbanken mehr Geld zurückzahlen als ihnen geliehen wurde. Diese geradezu menschenfeindliche und darum unmoralische und äußerst verdammungswürdige Praktik der Herren Banker oder auch "Nieten in Nadelstreifen" führte zu einer gegenwärtigen Staatsverschuldung von **über SIEBEN** BILLIO-

NEN EURO! (Also über 7000 Milliarden Euro). Billionen von Euro schulden wir auch den PRIVATEN INVESTOREN, die uns durch Staatsverchreibungen zu Schuldnern machen!
Für den Zeitraum von 1965 bis 2020 wurden von der Bundesrepublik bei den Banken 3000 MILLIARDEN Euro Schulden NEU aufgenommen. An Zins und Zinseszins wurden in dieser Zeit über 2000 MILLIARDEN Euro gezahlt, das sind etwa 500 MILLIONEN Euro Zins PRO TAG. DAS bekommen die Banken, DAS ist unter anderem der wahre Bankenschwindel, DARAN verdienen die Banken. Sie verdienen nicht an der Hauptschuld. Damit haben sie nichts zu tun. An den ZINSEN verdienen die Banken. DIE dürfen sie behalten; das ist die Bankmarge, nach Abzug des Sachkostenanteils, von dem die Personalkosten der größte Posten sind, weshalb man ja auch, wo man nur kann, am Personal spart und dieses, wo es nur geht, elektronisch ersetzt.
Noch einmal: Die deutsche Staatsverschuldung beträgt NICHT, wie uns vorgelogen, 2 Billionen Euro, sondern mittlerweile ÜBER SIEBEN BILLIONEN Euro. Wie das? Warum keine 2, sondern 7? Nun, auf diese Summe kommt man, wenn alle Verbindlichkeiten von Bund, Ländern, Gemeinden und Sozialversicherungsträgern zusammengerechnet werden. Die versteckte Staatsverschuldung besteht dabei aus den Ansprüchen der Bürger an das Rentensystem, die Pflegeversicherung und die gesetzliche Krankenversicherung so-

wie den immensen Pensionslasten der Beamten von Bund, Ländern und Gemeinden.
Derzeit verfrühstücken wir schlicht die Zukunft der nachfolgenden Generationen, indem die Versorgungs- und sonstigen Lasten einfach in die Zukunft verschoben werden. Die Staatsschulden können niemals, ich wiederhole NIEMALS, bezahlt werden. Aber jetzt hat man ja den idealen Prügelknaben CORONA erfunden. Auf den kann man alles schieben und sich fröhlich weiter verschulden. **Lesen Sie dazu mein Buch CORONA – Fakt oder Fake?** (ISBN 978-3-937699-91-2).

DAS ist UNTER ANDEREM der wahre Bankenschwindel, DAS ist der wahre Beschiss. Unsere Gesamtsteuern könnten um 14% niedriger sein als sie es sind, denn unser Staat gab allein im Jahre 2000 etwa 14% aller Steuern für die Bezahlung der Zinsschuld aus. Über 7 BILLIONEN Euro Staatsverschuldung mit etwa 500 Millionen Euro Zinsen pro Jahr. Soviel schulden wir, die Deutschen, den Bankern. Das sind -zigtausende von Euro pro Kopf der Bevölkerung, vom Säugling bis zum Greis. In den letzten Jahren stieg die Gesamtverschuldung in der Bundesrepublik mit einem Tempo von etwa EINER MILLIARDE EURO PRO WOCHE.
Die „Corona Pandemie“ erlaubt ja im Augenblick keinen Karneval. Ansonsten könnte man singen: „Wer soll das bezahlen, wer hat soviel Geld?“ Wir, die deutschen Arbeitssklaven, haben soviel

Geld, WIR sollen das bezahlen, so lange, bis das ganze Bankenschwindelkartenhaus zusammenstürzen und der nächste (bereits geplante) Krieg die Aufmerksamkeit des Bürgers ablenken wird von einem weiteren Bankenschwindel (mehr Krieg, mehr Schulden, mehr Gewinn für die Banken, mehr Versklavung für das Stimmvieh). Es wird die Weltbanken noch reicher machen und die Schuldenspirale bis zum Mond und weiter ansteigen lassen. Wenn nicht, ja wenn nicht ein Wunder geschieht, denn zunächst hält man ja die Massen in Kontrolle mit der angeblichen „Corona Pandemie“ und kann zugleich damit die Neuverschuldung erklären.

Man fragt sich, wer hat denn hier woran Schuld? Unsere Verfassung ganz bestimmt nicht. Die ist klar in ihrer Aussage.
Denn unsere Verfassung von 1949 (das Geldwesen betreffend) erlaubt solche kriminellen Praktiken nicht. Da steht ganz klar in Artikel 73 Grundgesetz: „Der BUND hat die ausschließliche Gesetzgebung über ....4. das Währungs-, Geld- und Münzwesen, Maße und Gewichte sowie die Zeitbestimmung...“.
Artikel 88: „Der Bund errichtet eine Währungs- und Notenbank als Bundesbank“. Dies mag schon sein, aber ansonsten hat der Bund oder wir so gut wie nichts mit der „Bundesbank“ zu tun. Sie ist vom Staat, staatlicher Kontrolle und damit vom Bürger völlig unabhängig und ist somit eben

KEINE staatliche Institution, denn in §12 des Gesetzes über die Deutsche Bundesbank lesen wir, dass die Bundesbank von „Weisungen der Bundesregierung unabhängig ist“. Die so genannte Bundesbank muss also ihre zinspolitischen Entscheidungen weder vor einem parlamentarischen Ausschuss begründen, noch kann sie dafür, beispielsweise durch ein Misstrauensvotum, zur Rechenschaft gezogen werden. Dies ist gelinde gesagt eine FRECHHEIT. Gibt es in Bezug auf die Geldpolitik ein Demokratiedefizit?
Ich fordere mit allem Nachdruck, dass sich die Repräsentanten der Bundesbank sowie der Zentralbank in ihren Maßnahmen einer Kontrolle der politischen Öffentlichkeit aussetzen und sie mit anderen wirtschaftspolitischen Entscheidungsträgern abstimmen, denn auch die EUROPÄISCHE ZENTRALBANK ist niemand anderem unterstellt, keiner anderen Kontrolle ausgesetzt als der EIGENEN. Aber im Augenblick wird ja das Stimmvieh nicht auf gesunden Menschenverstand getestet, sondern auf Corona.
Die am 21.12.1992 eingeführte ÄNDERUNG zu diesem Gesetz beweist, wie man mit einem einzigen Satz nicht Millionen, nicht Milliarden, Billionen, sondern TRILLIONEN von Mark bzw. auch EURO machen kann, ohne einen Finger zu krümmen, es sei denn den des arbeitenden Deutschen. Der Satz lautet: „Ihre (der Bundesbank) Aufgaben und Befugnisse können im Rahmen der Europäischen Union der Europäischen Zentral-

bank übertragen werden, die UNABHÄNGIG ist und dem vorrangigen Ziel der Sicherung der Preisstabilität verpflichtet." Und, so füge ICH hinzu, „... dem Ziel, sich an dem Geld anderer zu bereichern".

Wie das liebe Vieh zur Schlachtbank wird der arbeitende Deutsche zu den Geschäftsbanken geführt, wo er brav seine Kredite plus Zinsen abzahlt. Wer ist nun der GRÖSSTE Schuldner bei den Geschäftsbanken, die an dem Schwindel - gemeinsam mit der so genannten „Bundesbank" - verdienen? Nun, dieser größte Schuldner ist UNSER STAAT, der Deutsche Staat, die Bundesrepublik Deutschland, wir, die Deutschen selber, und zwar, indem wir auf die Staatsverschuldung über 500 Millionen Euro Zinsen pro Tag zahlen! PRO TAG! Die Bundesrepublik Deutschland ist pleite. Normalerweise müsste sie Konkurs anmelden. Wenn ein Geschäftsmann seine Firma so schlampig, unprofessionell, menschenverachtend und kriminell führen würde wie die Herren Politiker die Firma „Bundesrepublik Deutschland", dann würde der Geschäftsmann lebenslänglich im Gefängnis landen. Aber unsere Politiker erfreuen sich bester Freiheit und fahren fröhlich in ihren VON UNS BEZAHLTEN mittlerweile Elektro-Luxuslimousinen durch die Gegend, nach dem Motto „Ich hab meinen Dienstwagen ja so lieb".

Währenddessen steigen die Schulden und Schuldenzinsen der Firma Bundesrepublik Deutschland. Es ist schon so, wie die Deutsche Bundesbank in ihrem Monatsbericht vom März 1997 schreibt: „Die Schuldenfalle nährt sich aus sich selbst heraus." Was sie damit meint, ist: Jahr für Jahr sind die Zinsen höher als die gesamte Neuverschuldung („Primärüberschuss"). Neue Schulden werden nicht gemacht, um Straßen zu bauen... Neue Schulden werden vielmehr gemacht oder aufgenommen, um die Zinsen der alten Schulden zu bezahlen, was wiederum dazu führt, dass die Gesamtverschuldung und damit die Zinsen des nächsten Jahres noch höher sind als im laufenden Jahr. Dann werden für die Zinsen wieder neue Schulden gemacht und so weiter und so weiter. Die Staatsverschuldung ist also zu einem Selbstzweck entartet.

Und daran hat sich bis heute, 2020, nichts geändert. Und wer das Märchen glaubt, dass wir im Augenblick bei 0% Zinsen sind, der lese sich dieses Buch mal gut durch.
Da lachen sich zwei ins Fäustchen (Bundesbank und Geschäftsbanken) und wir Deppen müssen dafür blechen und schuften, bis sich der Buckel krümmt. Die Bundesbank verdient nicht an der Hauptschuld, sondern an den Zinsen und Zinseszinsen, wenn auch erst nach Abzug der Unkosten etc. Daher ist es im Interesse unserer Banker, dass die Bundesrepublik Deutschland mit allem darin

so hoch wie möglich bei ihnen verschuldet ist und bleibt.
Ich sage aber, dass die Bundesbank nur der BUNDESREPUBLIK DEUTSCHLAND zu dienen hat und NICHT den privaten Geschäftsbanken. Darum müssen Artikel 88 des Grundgesetzes und auch das Bundesbankgesetz korrigiert werden.

Ich fordere:

1. Die Errichtung einer staatlichen Notenbank.
2. Diese staatliche Notenbank steht **ausschließlich** unter der Aufsicht des DEUTSCHEN VOLKES bzw. dessen Vertreter (Deutscher Bundestag und Bundesrat).
3. Dieser staatlichen Notenbank müssen folgende Aufgaben übertragen werden:
   a) Geldschöpfung,
   b) Geldmengenregulierung,
   c) Geldumlaufsicherung,
   d) Spargeldannahme,
   e) Kreditgeldvergabe,
   f) Geldüberweisung,
   g) Wechselkursregulierung.

Und zwar wie folgt:

a) Geldschöpfung
Zinsfreies **U**mlaufgesichertes **G**eld (ZUG) wird von der staatlichen Notenbank entweder an die Bundesregierung selbst oder pro Person gleich-

mäßig auf die Bevölkerung verteilt oder es wird als Kreditgeld verfügbar gehalten.

b) Geldmengenregulierung
Der durchschnittliche Preisstand wird von der staatlichen Notenbank auf Dauer festgehalten, durch Vermehrung (mittels Bargeldschöpfung) der umlaufenden Geldmenge oder durch VERMINDERUNG (durch Steuererhöhung) der Geldmenge. Dies wiederum hängt vom Steigen oder Sinken des Preisindizes, ermittelt durch das Statistische Bundesamt, ab.

c) Geldumlaufsicherung
Die staatliche Notenbank erhebt GELDHORTUNGSGEBÜHREN (6% p.a.) bzw. sichert den stetigen Umlauf des Geldes durch Geldstückelungen (z.B. 1000 Euro Scheine) zum Umtausch gegen NEUE Banknoten.

d) Spargeldannahme
Spargelder werden von der staatlichen Notenbank gebührenfrei angenommen und auf Wunsch gebührenfrei wieder ausbezahlt. Keine Gewährung von Zinsen und keine Geldhortungsgebühren.

e) Kreditgeldvergabe
Aus den Spargeldern und neuen Bargeldschöpfungen werden zinsfreie Kredite von der staatlichen Zentralbank vergeben, welche jedoch kostendeckende Verwaltungsgebühren erhebt. „Giralgeldschöpfung“ wie bisher (obwohl es sie nicht

in dem Sinne gibt, wie viele Verschwörungsfanatiker glauben) ist nicht zulässig. Dies wird ersetzt durch 100% bargeldgedecktes Giralgeld. Übrigens: Selbst wenn es kein Bargeld mehr gibt, sondern nur noch digitales Geld, kann und muss man dieses System benutzen. Sonst kommt bald der totale Kollaps.

f) Geldüberweisung
Alle Geldüberweisungsaufträge werden durch die Staatliche Nationalbank gegen Erhebung von Verwaltungsgebühren ausgeführt.

g) Wechselkursregulierung
Innerhalb angemessener Zeitabschnitte setzt die Staatliche Nationalbank die Wechselkurse der Deutschen Mark (bzw. leider des Euro) gegenüber anderen Währungen fest. Dies muss geschehen unter Beachtung der Produktivitätsentwicklungen im Einvernehmen mit den Notenbanken der anderen Länder.

Alle bisherigen Geschäftsbanken werden in die staatliche Geldverwaltung integriert und umfunktioniert zu Filialen der DEUTSCHEN STAATLICHEN NATIONALBANK.
Die Aufgaben einer solchen Deutschen Staatlichen Nationalbank können nur dann einer Europäischen Zentralbank übertragen werden, wenn diese sich dem Muster und der Funktionsweise der Deutschen Staatlichen Nationalbank unterordnet.

Die Gehälter der Bankangestellten werden vom Staat bestimmt und ausbezahlt mit Geld, welches vom Staat bzw. der Staatsbank gedruckt wird. Es gibt keine Anteile an Gewinnen der Bank, weil es keine Gewinne gibt. Die Bank der Zukunft muss ein Durchlaufposten für vom Volk erarbeitetes Geld sein. Ist zu viel Geld im Umlauf, druckt die Staatsbank weniger Geld, ist zu wenig Geld im Umlauf, druckt die Staatsbank mehr Geld. So einfach ist das, und so utopisch zugleich. Utopisch, weil es schwer sein wird, die gierigen Bankhaie von einem solchen System zu überzeugen. Dieses Buch ist ein ERSTER SCHRITT zu einer neuen zinslosen Gesellschaft. Die NÄCHSTEN Schritte müssen die Leser dieses Buches machen.

Der durch Gewohnheit und die Medien gehirngewaschene Leser mag sich fragen: Warum das Ganze? Warum eine Geldreform? Darauf antworte ich:

Geld per se sollte nur ein TAUSCHMITTEL sein, ein Mittel zwischen Angebot und Nachfrage. Dies kann aber nur dann geschehen, solange das Geld im UMLAUF ist, also sich in einem ständigen Kreislauf befindet, von Person zu Person. Wird das Geld durch HORTUNG diesem Wirtschaftskreislauf entzogen, dann kommt es zu Absatzschwierigkeiten, resultierend in Arbeitslosigkeit und Deflation. Genau den Zustand haben wir ja heute. Die Reichen und besser Bemittelten horten ihr Geld in der Schweiz oder anderswo, es werden weniger Produkte gekauft und der Umsatz

stagniert. Doch auch wenn man zusammenzählt, was so manche Oma etc. im Strumpf an Geld hortet, dann kommen auch Milliardensummen zustande. Die Folge: Arbeitslosigkeit derer, die Produkte herstellen, die nun nicht mehr gekauft werden.
Richtig wäre: Nach dem Erhalt des Geldes muss es wieder für Waren und Dienstleistungen ausgegeben werden oder es steht anderen als Kredit zur Verfügung. Die können dann ihrerseits konsumieren oder investieren. Wenn wir denn schon eine Konsumgesellschaft sein wollen, dann aber auch richtig. Ist der Markt gesättigt, dann ist der Geldbedarf geringer als das Angebot. Ein kleineres Geldangebot herrscht dann bei hohem Konsumbedarf. Der Zins sinkt im Fall der Marktsättigung und steigt bei wachsender Geldknappheit. Dies ist alles von Übel. Die Lösung ist: ZINSLOSES GELD. Und zwar deshalb:
In der kapitalistischen Wirtschaftsordnung kann der Zins nie unter die „Liquiditätspräferenzgrenze" von rund 2,5% auf Null sinken. Von da ab wird das Geld gehortet und nicht mehr als Kredit angeboten. Man behält es als Kasse oder als Sichteinlage. Dies hat eine Senkung des Geldangebotes auf dem Kapitalmarkt zur Folge, Geld wird knapp, der Zins steigt und das zuvor gehortete Geld wird wieder frei für Kredite.

Der ZINS und die HORTBARKEIT des Geldes sind also die Übeltäter in der kapitalistischen sowie auch in der kommunistischen Marktwirtschaft, weil durch die Hortbarkeit des Geldes ein ewig positiver Zins erzwungen wird. Das Kranke ist: Im Kapitalismus stellt sich Geld nur unter der Bedingung als Kredit zur Verfügung, dass man dafür einen Preis zahlt, nämlich den Zins. Im Kommunismus übrigens auch, darum sind beide – Kapitalismus und Kommunismus – menschenfeindliche Zusammenlebensdogmen. Das Geld hat also in unserer Gesellschaft einen Preis, den Zins.

Das bedeutet, dass der Erwerber des Geldes nicht nur den geliehenen Betrag zurückzahlen muss, sondern auch noch die Zinsschuld. Der Verleiher wiederum kassiert einen Zins, für den er nicht gearbeitet hat. Im Falle der heutigen so genannten Bundesbank ist die Situation sogar noch perverser. Beispiel: Die „Bundesbank" zahlt etwa 100.000 für eine MILLIARDE gedruckter Euro. Dann gibt sie uns das Geld und verlangt es zurück plus Zins und Zinseszins, und die Druckkosten halst sie uns hintenrum auch noch auf. Wir zahlen also für unser eigenes Geld. Was haben denn die Herren in Nadelstreifen dafür getan? NICHTS. Sie haben HÖCHSTENS 100.000 Euro investiert und kassieren dafür EINE MILLIARDE Euro, also 10.000 Mal soviel plus Zinsen!!! Prima Geschäft. Und wir sind die Dummen. Auf diese Weise garantiert das heutige Geldsystem eine ständige Vermögensverschiebung von den Bedürftigen zu den „Kassen ohne

Bedarf". Mit anderen Worten: Die Reichen werden immer reicher und die Armen immer ärmer. Ich bin sicherlich nicht allein mit meiner Kritik an der Notenbank. Der Nobelpreisträger Friedrich A. von Hayeck kritisierte erst kürzlich wieder das Notenbankmonopol der Zentralnotenbanken wegen Ineffizienz und Kontraproduktivität und schlug die Errichtung untereinander konkurrierender privater Emissionsbanken vor. Der Meinung bin ich dann allerdings nicht mehr.
Wer etwas von Exponentialfunktion versteht, der weiß, dass der heutige Zins denselben Gesetzen unterliegt, d.h. er steigt anfangs langsam, dann immer schneller und endet schließlich im Unendlichen. Da lacht des Bankers Herz.

Nach dem Motto „Der Teufel scheißt auf den größten Haufen" geschieht dann auch Folgendes: Je mehr Geld jemand hat, desto mehr kann er verleihen, desto mehr Zinsen kann er kassieren, und umso mehr kann er dann wieder verleihen. Darum gilt für gierige Anleger auch der Grundsatz: Je mehr Prozente, umso besser. Verdoppelt sich ein Kapital ca. alle 10 Jahre, dann sind dies 7% Wachstum, habe ich aber 10% Wachstum, dann verdoppelt sich ein Kapital schon alle 7 Jahre. Auf diese Weise haben allein von 1980-2020 die Geldvermögen real um über 100 % zugenommen. Sie wachsen pro Tag um EINIGE MILLIARDEN EURO mit täglichen Zinseinnahmen von fast 450 MILLIONEN EURO!!! Diese Zinseinnahmen der hohen Herren haben aber zur Folge: Anstieg der Verschuldung, Rationalisierungsmaßnahmen, Arbeitslosigkeit, steigende Preise, Produktionsausweitung etc., etc. Unsere Waren sind heute so teuer, weil bei jedem Verkauf von Waren und Dienstleistungen nicht nur die Arbeits- und Produktionskosten, sondern auch die ZINSKOSTEN bezahlt werden, wie ich später noch im Detail belegen werde. Diese Zahlungen machen im Durchschnitt ein Drittel all unserer Ausgaben aus. Kapitalakkumulation und Unternehmungskonzentration auf der einen Seite und die Verarmung des breiten Volkes auf der anderen Seite sind die Folge. Und wieder: Die Reichen werden reicher und die Armen werden ärmer. Na ja, jetzt haben wir ja die „Corona Pandemie". Der können wir alles in die Schuhe schieben.

Was ist nun die Lösung des Problems? Natürlich ZINSVERBOT.

Da höre ich schon die Banker UND die Kunden stöhnen: WAS? ZINSVERBOT?!! Da würde sich doch das Geld in die Hortung zurückziehen bzw. zurückgezogen werden, und niemand würde mehr Geld verleihen. Die Banken nicht und Privatpersonen auch nicht. Die Folge: Geldumlaufstockung mit steigender Deflation und Massenarbeitslosigkeit.

Außerdem: Banken verstaatlichen? Zinslose Kredite durch den Staat? Das würde doch auf dasselbe hinausführen. So argumentiert der Gegner meiner Ideen und fährt vielleicht fort: Wenn ich

Lanoos Idee folgte und den Zins abschöpfen würde durch Steuern und Umverteilung des Geldes, dann käme dies einem Zinsverbot gleich und wiederum einem Hortungseffekt. Nein, nein, und wie steht es dann mit dem Wirtschaftswachstum? Das hat doch seine Ursachen in der Produktionsausweitung zur Erwirtschaftung der Zinsschuld? All diesen Einwänden begegne ich mit zwei Worten: Umlaufgesicherte Indexwährung!
Wer die gesamten negativen Folgen des Zinses beseitigen will, der muss bei der Ursache des Zinses ansetzen, und diese Ursache ist die (überall erlaubte) Hortbarkeit des Geldes. Darin liegt u.a. das Hauptübel. Was wir brauchen, ist also, ich wiederhole, eine UMLAUFGESICHERTE INDEXWÄHRUNG oder SERIENGELD, und zwar folgendermaßen: Mehrere Serien von Geldscheinen, die sich farblich und graphisch unterscheiden, werden von Zeit zu Zeit nach dem Zufallsprinzip zum Umtausch über die Medien etc. aufgerufen. Hat der Geldbesitzer diese Scheine dann noch, muss er einen Aufschlag von 10% zahlen. So wird Geldhortung zum Risiko und Kostenfaktor. Den aber kann der Geldbesitzer ja vermeiden, wenn er seine Kassenhaltung auf das Notwendigste beschränkt und sein übriges Geld ausgibt oder ausleiht (natürlich zinslos).
Auf diese Weise können sinkende Zinsen keinen „Geldstreik“ mehr verursachen, der Zins durchbricht die Liquiditätsgrenze nach unten, bis er sich um den Nullpunkt eingependelt hat.

Damit dient das Geld als neutrales und gerechtes Geld aller Menschen und hat seine Herrschaft über Wirtschaft und Gesellschaft verloren.
Ich fordere also die Umwandlung der Bundesbank in ein STAATSWÄHRUNGSAMT.
Der Leser mag einwenden: „ABER DAS IST SIE DOCH! Die Bundesbank ist doch staatlich und Gemeineigentum!“ Nein, lieber Leser, das ist sie nicht. Die heutige Bundesbank ist nur eine „bundesunmittelbare juristische Person des öffentlichen Rechts“, und sie hat nach dem Bundesbankgesetz die alleinige Befugnis, das öffentliche Tauschmittel GELD herzustellen. Doch eben dieses Geld übergibt die Bundesbank, wie bereits erwähnt, dann selbstherrlich gegen ZINS den PRIVATEN Geschäftsbanken, die es wiederum an Produzenten, Konsumenten und an DEN STAAT (uns) verleihen, natürlich nur gegen Zins und Zinseszins. Das Ergebnis: Eine aus dem Zins- und Zinseszinssystem resultierende verhängnisvolle Umverteilung des Geldes von den Arbeitenden zu den Geldbesitzenden, also Schulden auf der einen Seite und Rendite und Geldvermögen auf der anderen.
Die ehemalige Juso-Bundesvorsitzende Heidemarie Wieczorek-Zeul forderte zwar 1974 „Banken gehören in Gemeineigentum“, doch sie meinte damit die GESCHÄFTSbanken und nicht die BUNDESBANK, wohl deshalb, weil sie dachte, die Bundesbank befände sich bereits in Gemeineigentum. Ist aber nicht so, Frau Wieczorek-Zeul.

Jetzt ist sie Bundesministerin und wird sich wohl kaum noch zu dem Thema äußern, denn DARAUF legen die Herren Banker und die dahinter stehenden „Illuminati" stets Wert: Egal, wer an der Macht ist, an der Macht des Geldes und derer, denen es WIRKLICH gehört, darf nicht gerüttelt werden, ganz nach den Worten des Herrn Baron Rothschild: „Gebt mir die Macht des Gelddruckens und es ist mir gleich wer regiert." Und die Gier gibt ihnen Recht.
Die Banker und Geldhäuser verdienen IMMER, egal was geschieht. An dieser Stelle sei der an der Börse übliche Betrug erwähnt, obwohl es sich dabei im Vergleich zum **wahren** Bankenschwindel immer noch nur um „peanuts" handelt.

DER BÖRSENBETRUG

Der Börsenwahnsinn, welcher ja nur eine verlängerte Business-Version des menschlichen Wahnsinns ist, wird am Besten mit der „Tulpen-aus-Amsterdam"-Narretei verdeutlicht. Im Jahre 1637 gab es eine Hausse mit Tulpenzwiebeln. Einzelne davon stiegen im Preis um über das Zehntausendfache. Kurz darauf stürzten die Preise wieder ins Bodenlose. Der Kommentar eines damaligen Kritikers sagt schon alles: „Narren heckten hier den Plan aus, ohne Fähigkeit reich und ohne Verstand weise zu werden". Haben die Menschen daraus gelernt? Natürlich nicht, denn 1871/72 landeten die Börsenbetrüger den nächsten Coup mit der so-

genannten Gründer - Spekulationswelle, die dem kleinen Mann in Deutschland sein Erspartes wegschwemmte, weil er eben so dumm war, es in Aktien zu investieren.
Wer nicht hören will, muss fühlen: Am Schwarzen Freitag 1929 verloren die Aktienkurse im bankgesteuerten Börsencrash rund 80%, obwohl ein Kursgewinn von 21 zu 1 verzeichnet wurde.
Erst boomt die Börse, dann stürzt sie ab. Erst verspricht man den Anlegern hohe Gewinne, dann überlässt man ihnen die Verluste.
An dieser Situation hat sich bis heute nichts geändert. Ich verweise nur auf die Hausse der Aktienwerte von 1999 und 2000. Hunderttausende von Narren - oh Verzeihung, ich meinte Aktionären - kauften und verkauften, bis sich die Balken der Börse bogen. Dann im März kam der Absturz und mit ihm die Selbstmorde.
Und jetzt? Wir schreiben das Jahr 2020, und ein Pleitewellen Tsunami unvorstellbaren Ausmaßes rast auf Deutschland zu. DEUTSCHLAND IST PLEITE! Und schiebt diese Pleite inklusive Neuverschuldung jetzt auf eine angebliche „Corona Pandemie“.
So werden alle für dumm verkauft, nicht nur die Aktionäre und Anleger.
Die Gewinner sind immer die Banken. Warum? Anfang 2000 waren die Dow Jones-Werte bereits mit dem 43-fachen Jahresgewinn bewertet.
Und heute, in 2020? Der Dow Jones beendete den Handelstag 632 Punkte (-2,3%) niedriger bei

27.500 Punkten. Der marktbreite S&P 500 verlor 2,8 Prozent und der Nasdaq Composite weitere 4,1 Prozent. Das Ganze ist ein Desaster!

Es herrscht System hinter diesem Börsenbetrug, welcher zum großen Teil nur mit heißer Luft handelt und funktioniert. Einige dieser „Heißluftunternehmen“ ohne Substanz, aber mit großer Aktienpräsenz sind: Ricardo.de, Allgeier, Informtec, CPU, ABIT, Netlife, Pixelnet etc. Bloß nicht investieren. Lieber Leser, die unglaublichen Kurssteigerungen bis zum März 2000 waren damals und sind heute ein groß angelegter Schachzug der Finanzwirtschaft, um dem Otto Normalverbraucher seinen Notgroschen abzugaunern. Aber auch die meist noch unerfahrenen Neureichen der „Erbengeneration“ werden hier zur Kasse gebeten. Und der Betrug geht auf, denn durch die Spekulationen in IT- und Pharmafirmen sind Milliarden an Werten verlorengegangen bzw. in den Taschen der Börsenbetrüger gelandet. Keiner steckt sie dafür ins Gefängnis, sie laufen (bzw. schippern in ihren Jachten in Südfrankreich) frei herum und lachen sich halbtot über die blöden leichtgläubigen Anleger. Wir wissen nun, wer bei diesem Börsenbetrug die Verlierer bzw. Betrogenen sind, doch wer sind die GEWINNER bzw. die Betrüger? Dreimal darf man raten, es sind natürlich DIE BANKEN und deren „Berater“ und „Fondsverkäufer“. Wer glaubt, dass er sein Risiko vermindern kann, wenn er Fonds kauft, der irrt, denn

gerade die Aktienfonds sind es, die oft miserable Ergebnisse produzieren im Vergleich zu den hohen Kosten. Ich kenne keinen Fond, der es schaffte, bei richtiger Berechnung den jeweiligen Index zu übertreffen. Somit haben die Anleger das Geld umsonst ausgegeben. VERDIENT haben wiederum nur die BESITZER der Fonds, also in der Regel DIE BANKEN.
Man nehme als Beispiel doch nur die Aktien des Spielwarenhändlers Toys R Us. Die wurden bei einem Umsatz von 11,2 Mrd. $ und einem Gewinn von 376 Millionen $ mit 2,0 Mrd. $ bewertet. Doch man sehe die wirtschaftlichen Zahlen. Bei einem Jahresumsatz von 30 Mio. $ wurde ein Verlust von 28,6 Mio. $ erwirtschaftet. Einzelfall? Nein, die Regel. Die Börse bzw. der Börsenbetrug arbeitet nach folgendem Prinzip: „Buy on rumors, sell on facts (Kaufe nach Gerüchten, verkaufe nach Fakten)".
Ich will die Aktie hier nicht verteufeln. Es mag wohl einzelnen Anlegern gelingen, auch Gewinne zu erzielen, doch sind dies meistens erfahrene Leute, die vernünftig mit riskanten Wertpapieren umgehen. Sie kennen die Gefahren, die auf dem verminten Gelände des Aktienmarktes drohen und haben auch genug Geld als Rückhalt, um etwaige Verluste zu verkraften.

Als vor Jahren die Börsen weltweit abstürzten und Anleger MILLIARDEN verloren, lieferten die drei führenden Häuser Goldman Sachs, Mor-

gan Stanley Dean Witter und Merrill Lynch ein historisches Spitzenergebnis ab: Zusammen verdienten sie mehr als ZWÖLF MILLIARDEN DOLLAR.
Die DRESDNER BANK steigerte im damaligen (für Anleger) absoluten BAISSE - Jahr ihren Nettogewinn um rund 61% (!!!) auf 1,74 Mrd. EURO. Verkäufe der Anteile an der Münchner Rück erfolgten STEUERFREI!
Die COMMERZBANK verbuchte in dem gleichen (für die Anleger) Unglücksjahr den höchsten Nettogewinn ihrer Unternehmergeschichte.
Die DEUTSCHE BANK machte damals über 3 Milliarden Euro Nettogewinn, usw. usw.
Die Kriminalpolizei stellt zu Recht die Frage:
Ist die Deutsche Bank eine kriminelle Vereinigung? Quelle:
https://www.kriminalpolizei.de/ausgaben/2014/maerz/detailansicht-maerz/artikel/ist-die-deutsche-bank-eine-kriminelle-vereinigung.html

Geht dem geneigten Leser ein Licht auf?
Also, *DAS BUCH DES LICHTS* und diese Zweigschrift lehren: Das Geld muss die Eigenschaft der WARE bekommen und **ebenfalls** mit der Zeit langsam an Wert verlieren, ja „verrotten“. Dass dies möglich ist und bereits erfolgreich praktiziert wurde, soll gleich beschrieben werden. Eine stabile Währung ist in Wirklichkeit eine im Wert nachlassende Währung, so seltsam dies auch klingen mag, aber es geht hier darum, eine Möglich-

keit zu finden, das Geld in Umlauf zu halten, ohne den Zins zu benötigen, und dies geht eben nur auf die hier beschriebene Weise. Wir müssen dazu das Geld mit den Gütern und der Arbeit auf eine Stufe stellen, indem wir beim Geld den ja heute bereits gegebenen Annahmezwang durch einen WIEDERABGABEZWANG ergänzen. Dazu muss Geld mit einer „Geldsteuer" verbunden werden, oder, wie ich es nenne, mit „Durchhaltekosten".
Unser Geld muss mit einer Steuer belegt werden, z. B. 6% im Jahr. Übrigens: Sparen kann man trotzdem. Sparguthaben sind nach meinem neuen System von der Steuer befreit, aber auf Sparguthaben gibt es dann auch keine Zinsen, und Kredite gibt es ebenfalls zinslos. Aber nicht so wie sie es uns HEUTE weismachen wollen!
Denn: **Nur** Null Zinsen OHNE das hier beschriebene Geldsystem, bei welchem das Geld leicht an Wert abnehmen muss und damit in den Umlauf GEZWUNGEN wird, das funktioniert so nicht! Der verängstigte Deutsche mag es als bedrohlich empfinden, auf Bargeld eine Steuer zahlen zu müssen und für Sparguthaben keine Zinsen mehr zu bekommen, doch ich gebe die VORTEILE zu bedenken: 10.000 Euro (oder welche Währung auch immer) auf dem Sparkonto werden in 10 Jahren immer noch 10.000 Euro wert sein. Wer dagegen, wie bereits erwähnt, ein Haus kaufen will und Schulden machen muss, der zahlt in den nächsten 20 Jahren fast das Dreifache an die

Bank zurück, eben wegen der ZINSEN. Bei dem neuen System leiht er sich z.B. 100.000 Euro und zahlt auch nur 100.000 Euro zurück. Wenn er irgend ein Produkt im Laden kauft, dann bezahlt er auch nur das Produkt anstatt plus einem Drittel Zins. Der Zins als Umschichtungsinstrument von Arm und Reich würde dann entfallen, wie gesagt aber NUR, wenn zugleich auch das Geld leicht an Wert ABNIMMT. Nur ARBEIT würde dann gerecht belohnt werden. Die hier von mir vorgeschlagene geldstrategische Marktwirtschaft würde das Ende des Wachstumszwangs und gleichzeitig die Befreiung der Marktwirtschaft bedeuten, ohne einem Kommunismus Vorschub zu leisten. Ich schlage vor, dieses neue System in die Arbeit von IWF und Weltbank zu integrieren. Dem mag sich die Raffgier der Großbanken entgegenstemmen, doch ich denke, die Zeit ist gekommen, ein solches neues System in Erwägung zu ziehen, sonst droht ein weltweiter Flächenbrand alle Weltwirtschaftssysteme auf diesem Planeten zu zerstören. Unsere Demokratie muss sich gegen die korrupte Geldmacht durchsetzen, sonst werden wir alle dabei draufzahlen, einige wenige Familien ausgenommen, nämlich genau die, welche diesen Schwindel eingefädelt haben und schon seit Jahrhunderten daran verdienen.

Übrigens IWF! Die Präsidentin dieses Schwindelvereins Christine Lagarde wurde wegen MILLIO-

NENBETRUGES für schuldig befunden, erhielt aber wegen ihrer "Persönlichkeit" keine Strafe. (Quelle:
https://www.spiegel.de/consent-a-?targetUrl=https%3A%2F%2Fwww.spiegel.de%2Fwirtschaft%2Funternehmen%2Fchristinelagarde-gericht-spricht-iwf-chefin-der-fahrlaessigkeit-schuldig1126512.html&ref=https%3A%2F%2Fwww.google.com%2F)
Das ist eine unerhörte UNVERSCHÄMTHEIT! Doch bleiben wir cool. Ohne eine Reformierung des Finanzsystems sind alle anderen Maßnahmen nur Stückwerk.
DER MENSCH muss über das Geld regieren und nicht umgekehrt.

DIE SITUATION HEUTE (2020)

Das heutige deutsche Finanzsystem kann getrost als einziger großangelegter Schwindel betrachtet werden. Der monetäre Sektor ist nicht mehr im Einklang mit dem Waren- und Leistungsaustausch-Sektor, sondern hat sich gefährlich verselbständigt. Das reale Güter- und Leistungsvolumen DER WELT wächst jährlich um rund zwei bis drei Prozent, die Menge des staatlichen Geldes jedoch um 10-15%. Nur zum geringen Teil ist das neu geschaffene Geld ein Kredit, der in reale und rentable Investitionen fließt, der Rest sind Gegenbuchungen zur astronomischen Staatsverschuldung von über 7 Billionen Euro!! Der Leser möge bedenken: Wenn er seine Ersparnisse in Staatsanleihen (GEGEN ZINS) anlegt, (woran sich bis heute nichts geändert hat und was ja zu der Zinsbelastung für den STEUERZAHLER von über 500 Millionen Euro PRO TAG führt) dann sind das Guthaben, denen kein realer Wert mehr gegenübersteht, weil der Staat das geliehene Geld nicht wie ein Unternehmer in rentable Investitionen gesteckt hat, aus deren Erträgen er die Schuld zurückzahlen könnte, sondern der Staat hat die vom MEIST REICHEN Bürger einbezahlten Ersparnisse (als Staatsanleihen) in Rentenzahlungen, Pensionen, Politikergehälter, Wohlfahrtsprogramme und Entwicklungshilfen etc. gezahlt.

Lieber Leser, haben sie eine Staatsanleihe? Ich glaube doch nicht. Der deutsche Staat gibt Staatsanleihen aus, um sich damit Geld zu beschaffen. Dafür bietet der Staat den Anlegern **regelmäßige Zinszahlungen** und Rückzahlung des Anlagekapitals nach einer gewissen Zeit. Wie sicher die Sache ist, hängt vom Staat ab.
Das ergibt natürlich keine Erträge, aus denen man Schuld zurückzahlen kann, sondern das ist Geld, welches in einem Konsumsektor landet, aus dem zunächst einmal nichts mehr zurückfließen kann. Ich verweise nur mal auf die Deutsche Bundesbahn, welche ein „staatliches Investitionsprojekt" ist. Sogar Wikipedia blufft hier mit der Wahrheit und schreibt: *Die Deutsche Bahn AG wurde im*

Zuge der Bahnreform im Januar 1994 in eine private Rechtsform überführt (Unternehmen), **blieb jedoch im Besitz des Staates.** *Die Deutsche Bahn ist somit ein Staatskonzern (vorher Bundesbehörde). Der Plan war, später Anteile am Unternehmen an private Investoren zu veräußern.* Aus dem Plan wurde aber nix.
In privaten Händen hätte sich die Bundesbahn schon längst zum Milliardengewinn entwickelt, zum reichsten Konzern Europas. Was hat der Staat daraus gemacht? Den größten Schuldenbuckel der Weltgeschichte. Die riesigen Geldberge fließen also entweder auf die Weltmärkte, was zur Güterpreisinflation führt oder in die Finanzmärkte, was eine „asset inflation" erzeugt, also eine Aufblähung der Immobilien-, Aktien- und Fondspreise. Dabei begibt sich das Geld natürlich immer auf die Suche nach den besten Renditen. Dies alles hat aber immer noch nichts mit wahrem Kapitalismus zu tun, denn dieses neue, im Markt entstehende Geld entsteht ja nur als gesicherter Kredit, der zurückbezahlt werden muss, und wenn nicht, dann droht Zwangsvollstreckung und Konkursgericht. Wenn Geld nicht den laufenden Transaktionen an den Waren- und Dienstleistungen dient, dann nimmt es die Form von Ersparnissen an, welche zwar aus Leistung erbrachtes, aber nicht konsumiertes Geld sind. Es ist wiederum DER STAAT als Geldmonopolist (aber nicht Besitzer, wie wir bald sehen werden), der mit dem Geld den Güter- und Leistungskreis-

lauf geradezu vergiftet und ein fast unendliches Schuldenkarussell in Gang setzt. Es ist das angeblich staatliche, in Wirklichkeit jedoch private Geldsystem, welches die Geld- und Devisenvolumina der Nationen und der ganzen Welt zu GELDFLUTWELLEN auftürmt, die um den ganzen Globus rollen.

Ich verweise auf das Beispiel Japan, welches bald auch bei uns Schule machen und eine Finanzkatastrophe ungeahnten Ausmaßes erzeugen könnte. In Japan gab es astronomische Konjunktur- und Konsumbelebungs - Programme, featured durch die japanische Regierung. Die Yen-Zinsen lagen nahezu bei Null, was an sich der erstrebenswerte Zustand ist, allerdings nicht bei dem herrschenden System. Die 0% des Yen lösten einen Liquiditätsschub von unvorstellbaren Dimensionen aus, etwa 1,5 BILLIONEN EURO, also das Dreifache aller bisherigen Finanzierungskosten aus der Wiedervereinigung Deutschlands. Das war auch irgendwie verständlich, denn wer sich zum Nulltarif verschulden und die geliehenen Gelder hochverzinslich (anderswo) anlegen kann, wäre ja dumm gewesen, dies nicht zu tun, und zwar in exzessivem Maße. Die auf diese Weise im Ausland - vor allem in die asiatischen und US-Finanzmärkte gelenkten und angelegten Gelder - führten dann auch schnell zur Inflation der Vermögensanlagen (asset inflation). Merke: Wer Kredite zu 0% gibt, ohne das gesamte Finanzsystem zu ändern, der SCHADET dem gesamten

Finanzsystem. Was Japan da inszeniert hat, nennt man Kamikaze-System. Hoffentlich kommen die deutschen Politiker nicht auf eine solche Idee. Spekulation bis zu einem gewissen Maße ist schon in Ordnung, doch was sich heutzutage auf den Weltfinanzmärkten abspielt, hat längst die Grenze des Legalen überschritten. Man kann es auch Wahnwitz nennen. Oh diese Gier, wozu sie einen doch treibt! Der von Walter Eucken so benannte „Wirtschaftsstaat“ hat auf der ganzen Linie versagt. Das Geld von heute ist ein Synonym für Kredit und Schuld, es kann nur durch Leistungsversprechen entstehen, ein Leistungsversprechen, hinter dem der unerbittliche ZWANG zur Leistung steht, und zwar nicht nur wegen des Risikos des Existenzverlustes.
Deutschland bekommt doch nur neues Geld von den Banken, wenn SICHERHEITEN geboten werden, die schon alle ausgereizt sind, AUSSER dem sogenannten Bruttosozialprodukt, welches der Kanzler den Banken VERSPRICHT, ohne zu wissen, ob er es eigentlich halten kann.

DIE MÄR VOM WACHSTUM

Ständiges Wachstum einer Körperzelle führt zu Krebs, ständiges Wachstum in einer wirtschaftlichen Zelle ebenfalls. Die Ursache eines solchen krankhaften Wachstums ist im letzteren Falle der Zins. Der Zins ist der Krebs unserer sozialen Struktur. Wäre der Zins auch nur 1%, dann würde dies zu einer exponentiellen Wachstumskurve mit einer Verdopplungszeit von ungefähr 70 Jahren führen. Die angebliche Nullzins Politik von heute ändert nichts daran, weil eben, wie so oft schon erwähnt, das Geld nicht zugleich an Wert abnimmt. Außerdem gibt es gar keine Nullzins Politik per se, wie bereits bewiesen.

Seht nur, was dieser mutige Professor gegen die angebliche Null Zins Politik schreibt:
Ein aus einer Handvoll Familien bestehendes Weltfinanzsyndikat ist Eigentümer der FED, der größten «Gelddruckmaschine der Welt». Mit Hilfe der FED können sie nämlich Geld beliebig vermehren und es zugleich auch durch die ihnen ebenfalls gehörende Bank of England oder durch von der FED abhängige Zentralbanken der Welt ebenso beliebig vermindern und für ihre Zwecke einsetzen. ... Die Notmaßnahme des Nullzinses, um die Schuldenblase nicht platzen zu lassen, hat allein die deutschen Sparer bis 2018 über 350 Milliarden Euro Zinseinbußen gekostet (so DZ Bank).

Schon mal was von Staatsverschreibungen gehört, lieber Leser? Die gibt es NICHT für 0 % Zinsen, was zu einer bis heute (2020) täglichen Zinsbelastung für den deutschen Bürger von über 500 Millionen Euro führte.
Null Prozent Kredite sind BETRUG. Denn: Tatsächlich fallen Zinskosten von **bis zu fünf Pro-**

zent an. Diese teilen sich Bank und Händler. Wer wie viel von den Kosten trägt, hängt auch von der erwarteten Absatzmenge ab. Bei einem billigen Fernseher etwa rechnet der Händler mit einer höheren Stückzahl als bei einem teuren Luxuskühlschrank. Bei dem Massenprodukt trägt die Bank in der Regel einen höheren Kostenanteil, weil es ihr mehr potenzielle Neukunden bringt. Im Extremfall trägt sie sogar die volle Zinslast.

Lieber Leser, ein andauerndes exponentielles Wachstum wie verkündet und angepriesen von den Herren Politikern ist außerdem eine ausgemachte Volksverdummung, und die meisten dieser Herren wissen dies sehr wohl, doch sie agieren nach dem Prinzip: „Jetzt lebe ich (und verdiene am Volk) und nach mir die Sintflut“ und „Ich hab meinen Dienstwagen ja so lieb.“

Lieber Leser, wenn ich vor 2000 Jahren EINEN PFENNIG investiert hätte, dann hätte ich mir bzw. meine Erben bei 5% Zinswachstum damit im Jahre 1750 eine Goldkugel von der Größe der Erde kaufen können (Dagobert Duck würde ausflippen). HEUTE, im Jahre 2020, hätte ich mir dafür fast ZWEI MILLIARDEN Goldkugeln von der Größe der Erde kaufen können, also eine ganze Galaxie bestehend aus Goldplaneten. Eine andauernde und langfristige Zahlung von Zins und Zinseszins ist also mathematisch nachweisbar praktisch unmöglich. Es ist ja eben dieser kranke

Mechanismus, welcher zur Akkumulation von Kapital in den Händen weniger und damit zu den Kriegen und Revolutionen der Vergangenheit geführt hat. Die Zinsen müssen durch einen anderen Mechanismus ersetzt werden, welcher den Geldumlauf sichert, und genau das ist das eigentliche Thema dieses Buches. Die Krebsnatur des Zinses kann auch daran gemessen und erkannt werden, dass die Einnahmen des Bundes, das Bruttosozialprodukt sowie Löhne und Gehälter in den letzten 30 Jahren zwar gestiegen sind, aber parallel dazu auch der Zins bzw. die Zinslasten, und zwar über ZEHNMAL so schnell.

DER ANGEBLICHE GELDSCHÖPFUNGS-SCHWINDEL

Die Gegner der Banken müssen allerdings aufpassen, dass ihre Anschuldigungen gegen die Banken seriös sind und der Prüfung standhalten. Seit Jahren kursiert die Mär von der Buchgeldschöpfung, der zunächst auch ich auf den Leim gegangen bin. Da halten sich die Banker zu Recht den Bauch vor Lachen und haben ein wirkungsvolles Argument, ALLE Anschuldigungen gegen sie mit dem Hinweis abzuwimmeln, dass ja das so genannte „Buchgeldschöpfungs - Märchen" auch nicht stimmt. Ich warne also die Bankengegner, DIESE Anschuldigung gegen die Banken vorzutragen, weil sie einfach nicht stimmt. Und zwar aus folgenden Gründen: Es gibt eigentlich keine Geldschöpfung aus dem Nichts, weil der Laie nichts weiß von der Existenz des ausgleichenden Zentralbankgeldes und der Clearingstellen, welche diesem scheinbaren Vorgang entgegen wirken. Ich erkläre: Den Banken wird vorgeworfen bzw. die Fähigkeit zugeschrieben, ein Mehrfaches der ursprünglichen Einlage des Kunden weiter zu verleihen und damit Geld zu „schöpfen". Und zwar zum Beispiel so: Ich überweise auf Bank A 2000 Euro. Verfügt die Bank nun über eine gesetzlich vorgeschriebene Mindestreserve von 25 %, dann kann sie den Rest von 1500 Euro weiterverleihen. Der Kunde, dem dieses Geld geliehen wurde, überweist es an eine Bank B, die wiederum 75 % des neuen Guthabens (1.125 Euro) weiterverleihen kann. Wenn man den Vorgang viermal wiederholt, dann sind zusätzlich zu den 2000 Euro noch 2.101,56 an neuem Kredit entstanden. Die Geldmenge hat sich also tatsächlich um diesen Betrag erhöht. Dies bewegt nun weltweit sogar Wirtschafts Professoren etc. zu der wilden Vermutung, dass da Geld aus dem „Nichts" geschöpft wurde. Dem ist aber nicht so. Denn: In Wirklichkeit steht den Kreditinstituten nur der so genannte „Bodensatz" der Giroguthaben zur Verfügung, die Geldbestände der Giroguthaben sind meist ständig zu Zahlungszwecken in Bewegung und können daher gar nicht verliehen werden. Was ist nun dieser so genannte „Bodensatz?" Das ist der Teil der Guthaben, die auf den Konten als Liquiditätsreserven

stehen bleiben und nicht für den normalen Zahlungsverkehr verwendet werden oder die bei Umbuchungen auf Konten der gleichen Bank überwiesen werden, so dass keine Mittelabflüsse entstehen. Es fließt der Bank aber auch Giralgeld durch Überweisungen von den Konten anderer Banken zu. Das Bundesaufsichtsamt für Kreditwesen bestimmt nun, welchen Anteil der Giroguthaben die Bank auf Grund dieses „Bodensatzes" verleihen kann.
Und wenn der im Beispiel so gerne angeführte Bankkunde von seinem Konto bei Bank A 2000 Euro auf ein Konto bei Bank B überweist, dann wird in Wirklichkeit der Betrag von 2000 Euro ZENTRALGELD vom Clearingkonto der Bank A abgebucht und dem Clearingkonto der Bank B gutschrieben. Dadurch ändert sich der Gesamtbestand des Clearingguthabens jedoch nicht. In diesen Vorgang wird auch Bargeld einbezogen. Geschäftsbanken können also NICHT einfach neues Geld schöpfen durch Kreditgewährung, weil ja der Kreditbetrag dieses angeblich „neugeschöpften" Geldes auf der Seite des Clearingkontos eine SCHULD der Bank ist, die ja selbst einen Kredit an Zentralbankgeld aufnehmen muss, um ihrerseits einen Kredit an ihren Kunden vergeben zu können, sofern keine entsprechenden Spareinlagen bereitstehen. Was also die Bank angeblich bei ihrer „Geldschöpfung" gewinnt, das verliert sie durch die Verminderung ihres Zentralbankgeldbestandes bei der Clearingstelle. Mit

anderen Worten: Die Geschäftsbank kann immer nur soviel Geld verleihen, wie sie selbst an Einlagen oder Bundesbank-Krediten in Empfang genommen hat. Es gibt also keine wundersame Geldschöpfung der Banken, und wer einwendet, dass die Geschäftsbank doch Zinsen vom Bankkunden bekommt (der ja bei ihr einen Kredit aufgenommen hat), den verweise ich darauf, dass die Geschäftsbank aber für ihre um diesen Betrag erhöhte Kreditaufnahme an Zentralbankgeld auch LOMBARDZINSEN an die Bundesbank abführen muss. Warum hält sich dann die Mär von der wundersamen Geldschöpfung der Banken immer noch?

Daran sind die Banker selber, aber auch die Fachliteratur schuld. Sie verwenden den falschen Begriff für diesen Vorgang. Es ist keine Geldschöpfung, sondern eher eine „Geldumwandlung“. Die Bankleute stören sich an dem Begriff „Geldschöpfung“ deshalb nicht, weil sie ja die Existenz des ausgleichenden Zentralbankgeldes und der Clearingstellen als selbstverständlich voraussetzen. Dieses Wissen geht dem Laien ab, jedoch auch so manchen Bankenverschwörungsfanatikern (sehr zur Freude der Banker). Man kann also sagen: Die angebliche Geldschöpfung der Banken geht stets mit einer Zunahme des Bargeldumlaufs und der bei der Bundesbank zu haltenden Mindestreserven einher. Sie erfordert also Geld, das die Kreditinstitute nicht selbst schaffen können.

Für die Geschäftsbanken ist die Geldschöpfung damit keine Schöpfung aus dem Nichts.

Nun aber wieder zurück zu den WAHREN Verbrechen der Banken und Banker. Eines davon wurde bereits erwähnt und muss nun im Detail untersucht werden. Ich meine das Verbrechen gegen alle Bürger und vor allem gegen die Armen, aber auch das Verbrechen der Bürger gegeneinander:

DIE HORTUNG DES GELDES

„Die Schaffung eines Geldes, das sich NICHT horten lässt, würde zur Bildung von Eigentum in wesentlicher Form führen." (Albert Einstein)

Geldhortung ist nicht nur ein Verbrechen seit man weiß, dass es doch tatsächlich Menschen gibt, die unversteuerte Bankdepots in den „Steueroasen", Schweiz inbegriffen, haben, wo sie das Geld horten (na so was). Ich meine auch noch ein anderes Horten. Ich gebe ein extremes Beispiel: Wenn JEDER sein Geld horten und nicht ausgeben würde, so käme kein Kauf – Verkauf zustande, Ware bliebe im Regal, Löhne könnten nicht bezahlt werden, alles bliebe statisch und jeder würde irgendwann verhungern. Ich rede hier von der dynamischen Größe des Geldes. Sie wird in BEWEGUNG (Kauf, Verkauf, Besitzerwechsel) gemessen. Hortung (oder Stagnation) des Geldes im allgemeinen aber führt zu Geldknappheit, die

Umlaufgeschwindigkeit des dynamischen Geldes verlangsamt sich, es gibt weniger Geld, weniger Geschäfte werden getätigt, jeder fragt, wo ist das Geld? Nun, es liegt zum Beispiel in einem CH-Banksafe. Warum? Nun, Milliarden von Euro Verdienst auf den CH-Konten wurden dort deponiert um (unter anderem) Steuern zu sparen. Denn nur der hortet Geld, der es im Übermaß erhält, verdient, einkassiert. DER hortet das Überschüssige im Keller, unter der Matratze, im Safe oder eben in einer Steueroase. Das Resultat: Der langsame, aber unaufhaltsame Zusammenbruch der Wirtschaft, trotz Schönung der Zahlen durch Arbeitsamt und Regierung. Darum: Glaube keiner Statistik, die du nicht selbst gefälscht hast.
Ich habe SCHON IMMER gesagt, dass wir -ZIG Millionen Arbeitslose mehr haben als man uns weismachen will. Doch weiter: Als Folge der Geldhortung muss die Notenbank neues Geld drucken bzw. neue Banknoten in Umlauf bringen. Dies geschieht durch Kredite gegen Zins, über den ich noch sprechen bzw. schreiben werde, weil der Zins ein weiteres Verbrechen gegen die Menschen im Allgemeinen ist. Kommt aber nun unseren Geldhortern die Idee, das Geld nicht mehr zu horten, sondern auszugeben, und zwar, wie es oft geschieht, in Milliardenhöhe, dann taucht plötzlich wieder Geld auf, es gibt einen Geldüberschuss in der Wirtschaft. Dieser Geldüberschuss aber bläst die Wirtschaft auf, darum nennen wir das Inflation. Die liegt in Deutschland ZUR ZEIT

noch bei 3-4 Prozent. Andere Länder haben schon 10-20% Inflation. Warum dies so ist, liegt unter anderem daran, dass unsere Super-Geldhorter ihr gehortetes Geld nicht immer dort ausgeben, wo sie es horten oder verdient haben... Die Hortung des Geldes verursacht somit ein künstliches Auf und Ab der Verfügbarkeit des Geldes, stört das Wirtschaftsgeschehen und treibt die Zinsen herauf oder drückt sie. Mit dem Hoch- und Runtergehen der Zinsen wird im Augenblick die Hortung des Geldes bzw. das Wiederauftauchen aufgefangen.
Hortung = Zinsen hoch, Wiederauftauchen des gehorteten Geldes = Zinsen runter.

Wird Geld gehortet, dann sind die Haushalte gezwungen, sich Geld bei der Bank zu beschaffen, um Geschäfte tätigen zu können, weil ja die Wirtschaft durch die Hortung gelähmt wurde. Also noch einmal: Geld wird gehortet = Geld muss gegen teuren Zins von der Bank geliehen werden. Folge: Herausgegebene Geldmenge steigt, Inflation steigt prozentual im Verhältnis alte zu neue Geldmenge. Beispiel: Hat man 8 Milliarden Euro gehortet und beträgt die neu herausgegebene Geldmenge z.B. 6 Milliarden Euro, dann beträgt das Verhältnis 8:100=6x100:8=75%. Es befinden sich also 75% mehr Geld im Umlauf als normal. Geldentwertung also =75%. Nun holt man sich Geld von der Bank, gegen Zins. Dieser Kredit erhöht die Inflation. Wird nun das Geld, sagen wir mal gegen 10% verliehen, dann hat man in etwa 10 Jahren doppelt soviel geliehenes Geld im Umlauf. Würde also im Extremfall jeder Bürger sein gehortetes Geld wieder in die Wirtschaft einfließen lassen, dann würde diese zusammenbrechen. Heute, 2020, wird die Wirtschaft „reguliert“ durch das Auf und Ab des Zinses – so sagt der Banker, doch ich sage, es ist keine Regulierung, sondern eine ERPRESSUNG, eben ein Verbrechen, und zwar auf mehrfache Weise:

Erstens:

Die Geldhortung verschafft Vorteile für den extrem hortenden Deponierer oder Anleger (vor allem, wenn es um Millionen oder Milliardensummen geht) oder Kapitalisten auf Kosten anderer, denn es sind ja die anderen, die den Zins zahlen müssen, die vielleicht ganz wenig horten oder gar nichts und die von der Zinslast nahezu erdrückt werden. Sie müssen doch den Zins DOPPELT zahlen, einmal für die Bank auf Grund des Kredites und dann für die Anleger, die horten. Die Bank lebt ja von den Zinsen, sie holt sich also das Geld, welches sie an den Horter oder Anleger zahlt, vom KREDITNEHMER. Darum schafft die Geldhortung eben UNGERECHTIGKEIT.

Zweitens:

Geldhortung ist auch ein Verbrechen gegen die Wirtschaft, weil sie deren Kreislauf lähmt, für Unruhen, Pleiten und Bankrott sorgt. Diese

Symptome der **Geldhortungskrankheit** breiten sich ja langsam mehr und mehr in Deutschland aus. Ein Anstieg der Kriminalität ist die Folge. So verursacht also ein Verbrechen das andere. Wer kein Geld mehr hat, der stiehlt es sich halt. Und das machen die Banken mit uns, seit es Banken gibt.

Drittens:
Wer sich nicht traut, eine Bank auszurauben, der versucht dann eben, sich Geld von ihr zu leihen, natürlich gegen Zins, den er oft nicht zurückzahlen kann. Aus diesem Grunde übersteigt ja auch das Zwangsvollstreckungsvolumen der Banken bei Weitem das der gewöhnlichen Kaufleute, und zwar, weil geliehenes Kapital und Zins eine zu große Last für die Kreditnehmer sind bzw. werden. Nebenbei gesagt: Ist Ihnen eigentlich schon aufgefallen, dass eine Bank niemals ihr eigenes bzw. bei ihr deponiertes Geld ausleiht?

Viertens:
Geldhortung schadet also allen Wirtschaftsbeteiligten, den Produzenten sowie den Konsumenten, weil durch Hortung des Geldes das Geld ständig entwertet wird, was wiederum zur Entwertung der Arbeit und der Leistungskraft eines jeden Einzelnen führt. Auf diesen Zustand treibt Deutschland langsam, aber unaufhörlich hin. Wenn die Herren Politiker einen Aufstand der Bürger vermeiden wollen, dann lesen sie sich

dieses Buch lieber dreimal durch und folgen sie seinen Ratschlägen.

Fünftens:
Geldhortung ist aber, wie bereits erwähnt, vor allem ein Verbrechen gegen die Armen, denn die können ja den Banken keine „Sicherheiten“ bieten, bekommen keine Kredite, können sich nicht am Kreislauf der Wirtschaft beteiligen, werden emarginiert, ausgegrenzt und werden somit ein Sozialfall, der den ohnehin schon angeschlagenen Geldmarkt noch mehr belastet, ganz zu schweigen von dem Verlust an Würde, den sie durch Demütigungen aller Art erleiden. Darum eben ist die Hortung des Geldes ein Verbrechen.

Und zum **Kartengeld** noch folgendes:

Das Kartengeld bzw. die Geldkarte stellt überhaupt kein Problem für die ZUG - Währung dar, denn auch die Geldkarte kann (sogar elektronisch) abgestempelt bzw. mit Verfallsdatum belegt werden. Je schneller man sie benutzt, desto weniger verliert das Geld, welches sie repräsentiert, an Wert.

Zyniker unter den Bankern könnten argumentieren: Was wollt ihr denn? Der Wert der DM verkommt doch allmählich! So gesehen IST der Euro ein Schwundgeld oder verrottbares Geld.

Lieber Leser, die Deutsche Bundesbank kann den gleichmäßigen Umlauf des Geldes primitiverweise nur durch eine stetige Inflation in Gang halten. Sie lässt also absichtlich und gezielt den Wert des Euro allmählich verkommen. Damit werden alle Kleinsparer und Menschen, die keine Schulden haben, um einen bedeutenden Teil ihrer Arbeit und Ersparnisse betrogen. Der Wertverfall des Geldes wird uns durch das Statistische Bundesamt jeden Monat bekannt gegeben. Ursache: Verteuerung des Geldes und damit der Waren.
Schuld daran: Die Bundesbank. Die Experten belehren uns, dass die kapitalistische Marktwirtschaft (Zinswirtschaft!) in der schleichenden Inflation das kleinere Übel zur Normalität erhebt, um so einer Konjunkturkatastrophe durch sinkende Preise (Absatzstockung, Konkurse, noch höhere Arbeitslosigkeit) zu entgehen. Und was tun die Herren Experten der Bundesbank gegen diese bankrotte Situation? Nichts. Der Volkswissenschaftler Prof. Dr. Felix Binn bringt es auf den Punkt: „Ihre (der Bundesbanker) Arbeits- und Denkergebnisse auf die Ingenieurswissenschaft übertragen, hätten uns heute noch nicht das Rad beschert, allenfalls ein dreieckiges!" (Binn: *Konsequenter Monetarismus*).

Wie aber konnte es nun dazu kommen, dass das Geld der Ware überlegen wurde?
Vor der Erfindung des Geldes wurden als Tauschmittel bestimmte langlebige Güter benutzt, die

man notfalls selbst verwenden oder verbrauchen konnte. Zunächst hatte das nach und nach an die Stelle der Tauschmittel tretende Metallgeld (vor allem Gold und Silber) gegenüber diesen Tauschgütern seine Vorteile. Es war handlicher, in jeder Größe herstellbar und leicht zu transportieren. Und es hatte den Vorteil „unendlicher" Dauerhaftigkeit. Das Geld verdarb nicht, alterte nicht und rostete nicht (mit Ausnahmen, die noch erwähnt werden), kam nicht aus der Mode und verursachte keine Lagerkosten. Somit war das Geld kein Äquivalent mehr zu den zu tauschenden Waren und Leistungen, ja es war diesen überlegen. Und es war und ist diese scheinbare Überlegenheit, welche dem Geld eine besondere Stellung gab und gibt. Das Geld hatte (und hat) den „Jokervorteil", es konnte zu jeder Zeit an jedem Ort und gegenüber jedem Anbieter als Nachfrage auftreten. Alle wollten das Geld, und keiner gab es gerne her, es sei denn für Zins, welcher ein Aufschlag ist, den man für geliehenes Geld verlangt. Die Rolle des Zinses wiederum nahm in dem Maße zu wie der Gebrauch des Geldes. Dies führt uns zu unserem nächsten Kapitel:

DAS VERBRECHEN DES ZINSES

John L. King, Wirtschaftshistoriker, schreibt:
„Ich habe bisher hinlänglich über den Zins als die wichtigste Ursache der steigenden Preise geschrieben, da er in den Preisen für alle Dinge, die

wir kaufen, versteckt ist, jedoch wurde dieser Gedanke, obwohl er wahr ist, bisher nicht recht akzeptiert. 9 Billionen US-Dollar Inlandschulden ergeben bei 10% Zins 900 Milliarden US-Dollar, die in steigenden Preisen bezahlt werden, und das entspricht genau dem 4%-Anstieg der Preise, welchen die Experten als Inflation bezeichnen. Ich habe den Zins und Zinseszins stets als eine unsichtbare Zerstörungsmaschine betrachtet, die gerade jetzt hart am Werk ist. Wir müssen versuchen, uns von dieser sinnlosen finanziellen Besessenheit zu befreien.“ (Ende Zitat).

Lieber Leser, bedenken Sie bitte folgendes: Jedes neue Geld ist GEBORGT in Umlauf gebracht als eine zinstragende Schuld, daran ändert auch die jetzige angebliche 0% Zins Politik nichts. Da dieses System nur den eigentlichen Geldwert erzeugt, aber NICHT den Zins, ist die Schuld stets größer als die Geldzufuhr. Aus diesem Teufelskreis KANN ES GAR KEIN ENTKOMMEN GEBEN; es sei denn, man schafft das ganze System ab.

Der Zins ist ein Verbrechen, weil er sich auf zwei Prinzipien stützt, eines davon ist ein falsches Prinzip und das andere ist zwar richtig, aber unmoralisch und darum ethisch nicht vertretbar.

Prinzip1: Die (angebliche) Dauerhaftigkeit des Geldes,
Prinzip 2: Erpressung.

Dauerhaftigkeit des Geldes ist eine falsche Ansicht, eine Verblendung, eine Illusion. Erpressung wiederum ist eine strafbare Handlung, die leider (im Falle des Zinses) nicht geahndet wird.

Zunächst zur Dauerhaftigkeit des Geldes: Schon der Buddha wusste, dass es nichts erkennbar Dauerhaftes gibt. Was entsteht, muss auch wieder vergehen. Alles ist vergänglich, das wissen sogar die Herren von der Geldfabrik, aber sie wollen es nicht wahrhaben oder auf das Geld anwenden. Man denkt: Hab ich das Geld erstmal in der Tasche, dann behält es den Wert. 10 Euro sind 10 Euro. Waren verlieren an Wert durch Verfaulen etc., aber doch mein Geld nicht. So hofft der Geldgeile. Ware verliert also an Wert, während der Wert des Geldes zunächst gleich bleibt. Ich sage aber: Geld sollte wie die Ware, die man damit kauft, der Veränderung unterliegen. Weil dies im Augenblick nicht so ist, veranlasst der absolute Wert des Geldes den Besitzer, es zu horten, und es dann wieder herauszuholen bei passendem Gelegenheitskauf. Das trifft natürlich nicht immer für den normalen Arbeiter zu, da er nur soviel verdient, wie er ausgibt für seinen Unterhalt. Doch der Geldhorter verursacht, wie wir wissen, den steigenden Zins. Würde das Geld faulen wie die Ware, käme niemand auf die Idee das Geld zu horten, in Sicherheit zu bringen. Wie der Warenbesitzer die alte Ware loswerden und neue erhalten will, so würde der Geldbesitzer versuchen, so

schnell wie möglich das Geld loszuwerden und neues zu verdienen, um so zu verhindern, dass es an Wert verliert. Darum sollte man das Geld mit einer Gebühr belasten, z.B. zunächst mit einer Art Stempelmarke. Dann hat der gestempelte Geldschein nur eine befristete Gültigkeit bzw. Beständigkeit. Ablaufende Seriennummern werden aufgerufen, und wer Geldscheine mit dieser Seriennummer besitzt, hat nichts mehr von Wert. Geld wird jetzt genauso behandelt wie die Ware, nach einer bestimmten Zeit ist es ungültig. Dies würde den Geldhorter oder Halter zwingen, sein Geld zu versteuern. Will er eine Entwertung seines Geldes verhindern, dann muss er es ausgeben, NACH dem Verfallsdatum hat es ja keinen Wert mehr. So wie die Ware ein Verfallsdatum hat, so sollte auch das GELD ein Verfallsdatum bekommen. Dadurch wird eine Umlaufsicherung des Geldes erreicht, es gibt keine Hortung mehr, keine Geldverleiher und keinen Zins. Der Verbrecher Zins ist gestellt und dingfest gemacht worden. Urteil: Lebenslängliche Sicherheitsverwahrung.
Und wer immer noch störrisch wie ein kleines Kind behauptet, wir hätten doch jetzt zinsfreie Kredite, also zinsfreies Geld, den warne ich nochmal eindringlich:

"Null-Prozent-Finanzierung" bedeutet nicht automatisch, dass die Ware selbst günstig erworben wird. Sie kann vielmehr deutlich teurer sein als bei anderen Anbietern.

- Auch der Verhandlungsspielraum über den Kaufpreis ist häufig eingeschränkt. Barzahlungsrabatte sind nicht möglich.

- Finanzierungsangebote ohne Zinsen verführen außerdem zu unüberlegtem Konsum. Die Gefahr ist groß, mehr zu kaufen als finanziell leistbar ist oder zu diesem Zeitpunkt benötigt wird.

- Die aggressive Werbung suggeriert dem Verbraucher, er könne sich das Produkt problemlos leisten.

- Die meist kleinen Raten lenken schnell vom eigentlichen Kaufpreis ab. Der Verkäufer ERHÖHT einfach den Kaufpreis. Aber auch niedrige Ratenbelastungen bei längeren Laufzeiten bergen die Gefahr, den Überblick über die monatlichen Verpflichtungen zu verlieren und in eine Schuldenspirale aufzusteigen.

Gab es nun schon einmal eine Zeitepoche, in der „vergängliches" oder „verrottendes" Geld im Umlauf war? Ja, die gab es in der Tat. Der Leser lese und staune: Schon im griechischen Altertum ÄCHTETE der spartanische Staatsmann Lykurg Gold und Silber als Währung und führte EISENGELD ein. Dies machte Sparta unabhängig von den Edelmetallen. Der Vorteil dieses EISENGELDES war, dass es nicht mehr wie Gold und Silber den einzutauschenden Gütern überlegen war. Wer das Eisengeld hortete oder „verschatzte“, es also aus dem Verkehr zog und verknappte, der riskierte ähnliche Verluste wie der Besitzer der rottbaren Ware. Im Extremfalle würde er in seiner Schatztruhe nach entsprechender Zeit nur noch einen Haufen Rost finden.

Doch auch in der Blüte der STAUFERZEIT gab es ebenfalls ein Geld, das nicht von Dauer war und somit in Umlauf gehalten werden musste bzw. diesen Umlauf garantierte. Es waren dies Münzen aus dünnem Silberblech, die ihren Wert nicht durch das Metall selber erhielten, sondern durch die PRÄGUNG. Ein oder zwei Mal im Jahre wurden diese Münzen „verrufen“, das heißt, für ungültig erklärt und gegen eine geringere Anzahl neuer Münzen eingetauscht. Diese Art des „Geldverrufes“ mit Zwangsumtausch und Abschlag kannte man aber auch schon vorher im frühen Mittelalter bei den normalen Münzen, dann allerdings immer nur bei der Einsetzung eines neuen Herrschers.
Im Jahre 1154 hat Erzbischof Wichmann als Erster mit der Einführung der Brakteaten (siehe ‚Das kleine Banklexikon’) diesen Verruf zur Regel gemacht. Es ist allerdings nicht bekannt, ob dies aus Mangel an Edelmetallen geschah oder um über den Umtausch - Abschlag - Schlagschatz oder Prägesteuer genannt - den Staatshaushalt zu finanzieren. Ich plädiere für das Letztgenannte. Der Vorteil dieses Brakteatengeldes war, dass es

UMLIEF. Kaum jemand sammelte es noch in Truhen, denn mit jeder Geldansammlung riskierte man höhere Verluste beim nächsten Geldumtausch. Man gab das Geld also möglichst im gleichen Rhythmus weiter, wie man es erhielt.

Lieber Leser, diese Zeit des Hochmittelalters war eine sehr glückliche Zeit für die Menschen. Allein im deutschen Sprachraum entstanden mehrere hundert Städte. Es war die Blütezeit der Hanse. Es gab ein wohlhabendes Bürgertum, was noch heute in den wenigen unversehrt gebliebenen Städten wie Dinkelsbühl, Rothenburg, Lübeck u.a. zu erkennen ist. Kunst und Kunsthandwerk blühten, wovon die kunstvoll verzierten Spitzen der Kirchen und Balken der Bürgerhäuser noch heute künden. Dieser weitverbreitete Wohlstand war weder die Folge von ständiger Leistungssteigerung noch von Wirtschaftswachstum in unserem Sinne, sondern die Folge eines UMLAUFENDEN GELDES OHNE AUSBEUTUNGSCHARAKTER. Es gab damals die FÜNF-TAGE-WOCHE, denn der „blaue Montag“ war in den meisten Zünften arbeitsfrei. Der „RUBEL ROLLTE“ in diesen Jahren und Jahrhunderten.

Ein paar hundert Jahre später: (Siehe auch *BUCH DES LICHTS Band VII*):
1932/33 wurde in Wörgl/Tirol mit großem Erfolg ein ALTERNATIVGELD im Sinne von „vergänglichem“ Geld erprobt, dann aber verboten,

weil es dem ZINSGELD zu gefährlich wurde. Das Alternativgeld oder „Schwundgeld-Prinzip“ war denkbar einfach: Die Kassen der Gemeinde Wörgl waren fast leer. Um sie wieder aufzufüllen, fasste der Bürgermeister folgenden unkonventionellen Entschluss: Er überzeugte alle Bürger Wörgls, dass sie die Gemeinde ermächtigten, sogenanntes „Schwundgeld“ in Umlauf zu bringen. Das waren Geldscheine, die Monat für Monat ein Prozent ihres Wertes verloren. Auf dieser flüchtigen Währung basierend baute die Gemeinde ein Beschäftigungsprogramm auf, ließ Straßen asphaltieren und das Kanalisationsnetz ausbauen. Etwa hundert Arbeitslose fanden so ein neues Auskommen. Das Geld war und blieb im UMLAUF, und zwar schneller, als es durch die Notenbank der Fall war. Das Geld wechselte nun die Besitzer rascher, es wurde wieder zu dem, was es sein sollte, einem TAUSCHMITTEL, oder, genauer gesagt, einem Mittel zur ARBEITSBESTÄTIGUNG, und zwar damals in der Höhe von 1S, 5S und 10S. Solche kleinen Zahlen bedeuteten schon „Lohn“. Aber was war mit den Kaufleuten? Würden sie dieses „Schwundgeld“ akzeptieren? Sie taten es. Hausherr und Kaufmann akzeptierten diese „Arbeitsbestätigungen“. Gemeindesteuern und Wasserrechnungen wurden beglichen, was zur Folge hatte, dass Wörgl stets gut bei Kasse war. Lohnauszahlungen erfolgten ausnahmslos in Arbeitsbestätigungen, die von der Gemeinde zum Baumeister wanderten, von diesem zum Arbeiter, von dem zum Bäcker, Fleischer, Friseur etc. Die Arbeitsbestätigungen wurden von der Gemeinde verwaltet, konnten aber auch beim Spar- und Darlehensverein der Stadt Wörgl gekauft und gegen normales Geld verkauft werden. Der Grund, warum diese Währung „Schwundgeld" genannt wurde, war nun folgender: Man beschloss, wie schon gesagt, eine monatliche Entwertung von 1%, also 12% jährlich. Die Gemeinde verkaufte Marken im Wert von 1,5 oder 10 Groschen, die am Monatsanfang auf die Scheine geklebt werden mussten. Fehlten sie, war der Schein um 1% weniger wert. Lieber Leser, so unsinnig dies zunächst für Sie klingen mag, aber der wahre Wert des Geldes liegt in seiner ENT-Wertung.13 Monate schaute sich die Notenbank das an, die Gemeinde Wörgl blühte und gedieh, und als andere Gemeinden sich anschickten, dasselbe Währungsprinzip zu kopieren bzw. diesem Beispiel zu folgen, dann **verbot die Notenbank dieses "Schwundgeld**". Aus der Traum. Oder doch nicht?

So geschehen 1932. Was führte aber nun im 15. Jahrhundert zum Ende dieser goldenen Ära des Frühmittelalters? Es war die Wiedereinführung des „Dickpfennigs" oder des „ewigen Pfennigs", also von Gold- und Silbermünzen, die NICHT MEHR dem Verruf bzw. dem schnellen Zerfall oder Schwund oder einer Verrottung unterlagen. Plötzlich war das Geld nicht mehr so vergänglich wie die Ware, für die es stand. Doch der WAHRE Grund war der, dass die Reichen noch gieriger und reicher werden wollten, als sie es schon waren. Geldüberschüsse wurden wieder gehortet und nur gegen hohe Zinsen herausgegeben. Geldverleiher wie die Fugger oder Welser wurden reich und alle anderen, nämlich ihre SCHULDNER, Erzbischöfe, Fürsten und gar Kaiser eingeschlossen, wurden arm. Noch heute können wir unvollendete Kathedralen sehen, die eben aus genau diesem Grunde nicht fertig gebaut werden konnten – es war kein Geld mehr da bzw. die Banker hatten den Bischöfen nichts mehr geliehen.

Zurück zu heute. Geld kann also heute nur gehortet werden, weil es seine Beständigkeit nicht verliert.
Nota Bene: Man kann dann im Detail verschiedene Vorschläge und Modelle ausarbeiten in Bezug auf die Rückrufung des Geldes. Das Prinzip jedoch muss klar sein. Darum: In einer gesunden Wirtschaft muss Ware = Geld sein. An die Beständigkeit des Geldes zu glauben ist so unsinnig wie zu glauben, dass eine Banane auch in einem Jahr noch eine Banane ist. Der Tatbestand der Erpressung ist darum erfüllt, weil auf Grund der ANGENOMMENEN Beständigkeit des Geldes gegenüber der vergänglichen Ware der Geldhalter (die Bank) ein Opfer vom Geldnehmer fordert, nämlich den ZINS. Dieses Opfer wird nicht freiwillig gegeben, es wird ja vom Gesetzgeber er-

zwungen, also erpresst. Wenn sich heute jemand Geld von der Bank leiht zu 10% Zinsen, z.B. um ein Haus zu kaufen, dann hat er nach zehn Jahren das DOPPELTE und mehr an die Bank zurückbezahlt. Wenn das Haus also eigentlich 100.000 Euro kostet, dann kostet es in Wirklichkeit 200.000 und mehr Euro eben wegen des Zinses. Wir sehen also hier, dass sich der Zins auf die Überlegenheit des Geldes gegenüber der Ware stützt bzw. dadurch verursacht wird. Dies aber ist pervers. Geld sollte **nicht** mehr wert oder von anderer Natur sein als die Ware. Der Obsthändler muss nach der Ernte so schnell wie möglich sein Obst an den Mann bringen, es also wieder loswerden, während der Käufer, der Geldhalter, in Ruhe warten kann und seine Entscheidung **nicht** von solchen der Veränderung unterliegenden Komponenten abhängig machen muss. Er kann, grob gesagt, warten, bis der Obsthändler pleite ist, ihm dann Geld leihen plus Zins, und damit am Unglück des Obsthändlers noch verdienen. All dies tut er durch Warten oder auch HORTEN.

Eine solche Notsituation wird täglich von den Banken herbeigeführt (legitimiert und unterstützt von der Regierung, die im Augenblick der „Corona Pandemie“ die Schuld gibt) und dann ausgenutzt. Wer aber eine Notsituation ausnutzt, der macht sich strafbar und ist ein Erpresser nach StGB §253. Es handelt sich also hier um den Tatbestand der Erpressung und Ausnutzung Armer.

Wer Zinsen fordert, stützt sich also auf eine FALSCHE ANSICHT, nämlich dass das Geld beständig ist. Diese falsche Ansicht lässt ihn STRAFBAR werden, indem er die Notsituation ausnutzt und sich der strafbaren Handlung der ERPRESSUNG schuldig macht.
Der Zins ist wie bereits erwähnt ein Umschichtungsinstrument von Arm und Reich.
Dass die Erzwingung des Zinses auch DIEBSTAHL ist, war den Menschen aller Zeiten klar. Ja, der Zins ist wohl die größte und durchtriebenste Diebesart, die man sich vorstellen kann. Zins ist Raub und erzwungener Tribut, eine Sklaverei, ein Zwingherrentum. Schon unsere Kinder in der Schule werden durch eine schlau berechnete Erziehung, auch in Zeitungen und Büchern verbreitet, dahingehend manipuliert, dass sie den Zins als etwas ganz Selbstverständliches hinnehmen.

Es sind die heutige Geldwirtschaft und Zinsherrschaft, welche verantwortlich sind für das Massenelend auf der Welt. Schon die Bibel verurteilt das Zinsnehmen, ja sogar die Heiden, allen voran Aristoteles, verurteilten den Zins. Nach römischem Gesetz war Zins sogar VERBOTEN. Doch die Macht des Mammon scheint größer gewesen zu sein, denn man verlieh trotzdem Geld gegen sogar überhöhten Zins, weil der Geldgeber ja riskierte, ins Gefängnis zu kommen. So verlieh der sittenstrenge BRUTUS zum Beispiel Gelder gegen 48 Prozent jährlicher Zinsen. Das Christen-

tum selber verdammte den Zins. Heute ist Zins Wucher, wenn er zu hoch ist, damals wurde JEDER Zins Wucher genannt. Die Kirchenväter St. Blasius, St. Chrisostomos etc. nannten Zins nehmen „ernten, wo man nicht gesäet". Christen war es verboten, Zins zu nehmen. Nur die Juden maßten sich an, Zins zu nehmen, darum nannte man den Zins damals „Judenschaden". Zinsnehmen war durch die gesamte christliche Epoche als etwas Unsittliches und Strafbares angesehen.
Der Tatbestand der zinsbedingten Zunahme sozialer Spannungen zwischen Arm und Reich wurde schon sehr früh erkannt. Diese Spannungen endeten oft in Leibeigenschaft, Sklaverei, Aufständen oder gesellschaftlichen Zusammenbrüchen. Das ist auch ein Grund, weshalb alle Hochreligionen immer wieder versuchten, das Zinsproblem durch Verbote aus der Welt zu schaffen unter Androhung der schlimmsten Höllenstrafen. Im 18. Jahrhundert verdammt der Papst Benedikt XIV. die Zinsnahme in einer Enzyklika. Doch Zinsverbote ohne Änderung der gesamten Finanzstruktur führten und führen zu nur noch größeren Problemen: Man fordert zwar keinen Zins mehr (oder wenn, dann nur sehr hohen), um den angedrohten Strafen zu entgehen, aber somit verleiht man auch überhaupt kein Geld mehr. Dem Markt wird aber dadurch das Tauschmittel entzogen. Dies führt zu einer Zunahme der Geldknappheit und einem Anstieg des Zinses ins Unermessliche für dennoch gewährte Kredite. Auch in streng

gläubigen Zonen des Islam hat man ähnliche Probleme.
Verringert sich das Kreditangebot, dann müssen unter anderen Bezeichnungen gleich hohe Anreize geboten werden, z.B. als „Gewinnbeteiligung". Da fragt man sich allerdings, was bei der heutigen Lage das größere Verbrechen ist, Zins zu verlangen oder die willkürlichen Preiserhöhungen der Öl-Multis an den Zapfsäulen. Bei dem bestehenden Finanzsystem ist, das Zinsproblem betreffend, vor allem ein Dilemma zu sehen: Mit Zinsen nehmen die sozialen Ungleichgewichte zu, ohne Zinsen bricht der Geldkreislauf zusammen.

Hier nun noch einige weitere christlichen Stimmen zum Zins:
Gregor von Nyssa, ein ca. 334–394 n. Chr. lebender bedeutender Theologe, griechischer Bischof: „Was für ein Unterschied, durch Einbruch in Besitz fremden Gutes zu kommen auf heimliche Weise und durch Mord als Wegelagerer, indem man sich selbst zum Herrn des Besitzes jenes Menschen macht, oder ob man durch Zwang, der in den Zinsen liegt, das in Besitz nimmt, was einem nicht gehört?"
Kaiser Lothar im Jahr 825, nach einem Gesetz von Karl dem Großen im Jahr 789: „Wer Zins nimmt, wird mit dem Königsbann belegt, wer wiederholt Zins nimmt, wird aus der Kirche ausgestoßen und soll vom Grafen gefangengesetzt werden."

Papst Alexander III., 1159-1181: „Jede Gesetzgebung, die den Zins erlaubt, ist null und nichtig."
Karl von Vogelsang, 1884: „Der Zins hat die ganze Gesellschaft vergiftet, die soziale Moral zerstört. An dieser Sünde muss unsere Gesellschaft zugrunde gehen. Der Zins ist der Angelpunkt der sozialen Frage."
Friedrich Naumann, Soz. Programm der evang. Kirche 1890: „Wir zweifeln nicht daran, dass eine Zeit kommen wird, in der sich eine christliche Bewegung gegen den Zins erhebt."
Johannes Ude, Dekan der Kath.-theologischen Fakultät Graz, 1874-1965: „Wer Zins nimmt, lebt auf Kosten der Arbeit anderer, ohne ihnen für diese Arbeit irgendeine Gegenleistung zu geben. Durch den Zins wird der Gleichwertgrundsatz in schwerster Weise verletzt. Christentum und Zins sind unvereinbar."
Nicht nur das Zinsnehmen für - sondern auch das Horten von - Geld wurde von den Kirchenvätern unter Kirchenbann gelegt. In einem im Jahre 1303 veröffentlichen Erlass heißt es: „Wer bei sich daheim Geld schlafend und untätig liegen lässt, wird exkommuniziert." Auf den Münzen des 17. Jahrhunderts stand: „Noli thesaurare" (zu Deutsch: „Du darfst mich nicht festhalten"). Der Volksmund trifft den Nagel wieder einmal auf den Kopf, wenn er sagt: „Taler, Taler, du musst wandern" oder „Der Rubel muss rollen" etc. Genau das ist auch ein Teil der Lösung des heutigen Geldproblems.

Martin Luther schreibt: „Austausch und beim Austausch gewinnen, ist kein Wert der Liebe, sondern STEHLEN. Jeder Wucherer (also Geldverleiher mit Zins) ist ein Dieb, der den Galgen verdient hat.“ Dann definiert Martin Luther, was Wucher ist: „Ich nenne Wucherer, die gegen fünf und sechs Prozent verleihen“.
Nach Luther verdient also jeder Banker und Geldverleiher den Galgen. So viele Galgen kann man gar nicht bauen. Ganz Deutschland wäre von Galgen und den daran Hängenden übersät, wenn man Martin Luthers Vorschlag folgen würde.

Lieber Leser, Deutschland ist heute (2020) so hoch verschuldet, trotz angeblicher „Null Zins Politik“, dass die Ausgaben allein für Zinsen (500 Millionen Euro pro Tag) mehr als ein Viertel der gesamten Staatsausgaben ausmachen. JEDE MINUTE muss der Staat den Banken über 100.000 EURO Zinsen zahlen. Von einem Teil der Steuergelder sehen die Steuerzahler überhaupt nichts mehr, weil davon keine Straßen oder Schulen gebaut werden, sondern Schulden bedient werden müssen, und zwar OHNE dabei die Schulden zu bedienen, sondern nur die meist auf Staatsanleihen fallenden Zinsen. Der Steuerdepp zahlt die Zinsen der Reichen, die er möglicherweise gar nicht selbst verschuldet hat. Die Ausbeutung durch Zinsen funktioniert auch folgendermaßen: Nicht nur der Staatshaushalt ist verschuldet bzw. pleite, sondern auch große Teile der deutschen

Wirtschaft, die Unternehmen wie kürzlich Holzmann, Kirch etc., denn die müssen ja für das geliehene Geld auch Zinsen zahlen, genau wie der Staat. Die Unternehmen versuchen verzweifelt, diese Zinsen über ihre „Steuern“ wieder hereinzukriegen. Diese „Steuern“ sind eben die Produktpreise. Die Marktpreise enthalten einen gehörigen Teil Zinsen, der immer unbewusst mitbezahlt wird. Das betrifft die verschuldeten, aber auch die unverschuldeten Unternehmen. Selbst wenn jemand das Eigenkapital für eine Unternehmung selbst aufbringt, wird er es trotzdem verzinst haben wollen. Denn sonst kann er es ja gleich auf der Bank lassen und dort Zinsen kassieren. Jedes Unternehmen dieser Welt muss das hineingesteckte Kapital verzinsen. Eben darum steckt auch in jedem Preis, den man täglich im Supermarkt bezahlt, ein mehr oder weniger großer Anteil Zinsen. Aber: Ein unter 10% liegender Zinssatz bedeutet noch lange nicht, dass der Zinsteil unter 10% liegt, der in den Steuern enthaltene Zinsanteil liegt ja auch bei mehr als 25 Prozent. Die investierten Kapitalien werden oft über Jahre abgeschrieben bzw. zurückgezahlt, was zu einem Zinseszinseffekt mit explodierenden Zinskosten führt. Besonders bei kapitalintensiven Betrieben ist der erzielte Umsatz natürlich nicht gleich dem investierten Kapital, sondern häufig niedriger. Dies wiederum führt zu einem durchschnittlichen Zinsanteil in den Preisen von über 30%. Ich hoffe, der Leser weiß, was dies für ihn bedeutet? Jeder, der nicht selbst ein riesiges zinsbringendes Vermögen besitzt, schuftet ein Drittel seiner Arbeitszeit dafür, dass die Wohlhabenden ihre Vermögen verzinst bekommen, ohne dass sie (die Wohlhabenden) dafür auch nur einen Finger krumm machen. Vier Monate im Jahr arbeitet also der geneigte Leser, damit die Reichen noch reicher werden. Falls er selbst zu diesen Reichen gehört – Glück gehabt. Wir leben gar nicht in einer Leistungsgesellschaft. In einer solchen würde nämlich Arbeit und Leistung belohnt, doch in diesem unseren Lande werden Besitz und Zins belohnt. Durch staatliche Umverteilung der Löhne versucht man dann die soziale Gerechtigkeit wieder teilweise herzustellen. Wer da noch wie Karl Marx behauptet, dass der UNTERNEHMER der Bösewicht sei, weil er die Arbeiter ausbeute, der hat das Ganze eben noch nicht verstanden bzw. durchschaut, denn nicht der Unternehmer ist Schuld an der Ausbeutung, sondern DAS ZINSSYSTEM, DIE ZINSWIRTSCHAFT. Würde die Notenbank den Zins abschaffen, **und** DAS GELD LEICHT AN WERT ABNEHMEN LASSEN, dann wäre damit ein wesentlicher Grund für die ständige Inflation beseitigt und die Umlaufsicherung des Geldes wäre gewährleistet, trotz angeblicher Corona oder „Covid 19“.

Wiederholung ist der beste Lehrmeister. Von wegen null Zins: Ich gebe nur ein Beispiel: JEDER, der eine Staatsanleihe kauft, bekommt ZINSEN dafür. Staatsanleihen in Milliardenhöhe werden

aber nur von REICHEN gekauft und auch von Banken. So funktioniert der Schwindel, UND WIR ZAHLEN DIE RECHNUNG!
Der Zinsmechanismus in unserem Geldsystem ist schwer zu verstehen, weil er zum Teil verdeckt ist, auch und vor allem bei der derzeitigen ANGEBLICHEN Null Zins Politik. Man kann es gar nicht oft genug erwähnen: Es ist absolut nicht so, dass man Zinszahlung dadurch vermeidet, dass man sich kein Geld borgt. Wie in diesem Buch erwähnt, sind Zinsanteile in jedem Preis enthalten, den wir für Ware bezahlen. Lieber Leser, 80% der Bevölkerung zahlen mehr Zinsen als sie erhalten, während 10% der Bevölkerung viel mehr Zinsen EINNEHMEN als sie bezahlen. Dies ist auch der Hauptgrund dafür, dass die Reichen immer reicher werden und die Armen immer ärmer. Die Folge: 70% des Privatvermögens sind in der Hand von nur 3% der Bevölkerung.

Lieber Leser, eine wirklich gesunde Wirtschaftsordnung lässt sich meiner Ansicht nach nur durch eine Reform des Finanzsystems wie von mir vorgeschlagen bewerkstelligen. Arbeitswillige Menschen müssen freien Zugang zu Land und Geld haben, damit sie sich frei entfalten und somit eine freie und soziale Marktwirtschaft etablieren können. Es darf kein leistungsloses Einkommen aus Land- und Geldbesitz geben. Dieses Ziel jedoch kann nur auf der Basis der Vergemeinschaftung, also der Verstaatlichung von Land und Geld erreicht werden. Wer nun einwendet, das hätten die Kommunisten in Russland etc. auch versucht und sind doch elendig gescheitert, dem halte ich entgegen, dass der Kommunismus nichts anderes ist als eine pervertierte Form von Staatsdiktatur, ein Staatskapitalismus, wo (mehr noch als bei uns) nur einige verdienen und alle anderen nicht. Dieser Kommunismus ist schlimmer als die schlimmste kapitalistische Diktatur. Ich fordere eine Indexbindung der Geldmenge an Warenpreise als auch die Umlaufsicherung des Geldes durch Erhebung von Hortungsgebühren von staatlicher Hand, und zwar von einem STAATSWÄHRUNGSAMT und nicht von dem, was sich heute „Bundesbank“ nennt und gar keine ist. So ist es wohl auch verständlich, dass sich die Bundesbank beharrlich weigert, die umlaufgesicherte Indexwährung einzuführen. Ich fordere desgleichen die Verstaatlichung von Grundflächen und Rohstoffquellen. Klar ist: Verstaatlichung unter Beibehaltung des herrschenden Geldsystems führt zu Kommunismus. Da ist der jetzige Kapitalismus schon besser. ABER: Verstaatlichung unter dem NEUEN Aspekt des von mir vorgeschlagenen Systems macht Sinn und löst die größten im Augenblick anstehenden Probleme.

DER IRRTUM DES KARL MARX

Marx räsonierte wie folgt: Im Kapitalismus, der auf der Existenz des Privateigentums beruht, wird

alles zur Ware und also zu Geld – auch die Arbeit. Damit, so folgert Marx, verliert die Arbeit ihren schöpferischen Charakter und wird nicht als Selbstverwirklichung empfunden, sondern nur als Erwerb des Lebensunterhaltes. Der Einzelne wird, so meint Marx, durch die Lohnarbeit sich selbst entfremdet. Erst wenn das Privateigentum an den Produktionsmitteln abgeschafft ist, könne sich dies ändern.
Gleich vorneweg sei dazu gesagt, dass DIE MASCHINEN bzw. die Maschinisierung und Technisierung der Arbeitsmethoden und Industriebetriebe die größten Feinde der Marxschen Theorie sind, weshalb diese Theorie auch nicht in die Praxis umgesetzt werden kann. Dafür nur ein Beispiel (s. auch Anhang) : Die Marxsche Erkenntnis vom Ausgleich der Profitrate besiegelt im Prinzip einfach das Ende der Arbeitswerttheorie – also der Theorie, dass der Tauschwert aus der mittleren Arbeitszeit bestimmt werden kann. Diese Theorie ist lediglich eine gute Nahrung dort, wo es keine Maschinen gibt und damit auch keine verschiedenen Aufteilungen in konstantes und variables Kapital. Wird die Arbeitstheorie in diesem Sinne interpretiert, dann bricht das Kapital als Analyse der kapitalistischen Gesellschaft - insbesondere die gesamte Ausbeutungstheorie - einfach in sich zusammen. Marx und Engels ziehen diese Konsequenz allerdings nicht. Sie halten den Wertbegriff aufrecht und bestehen implizit darauf, dass dies NICHT ein fehlgeschlagener Ver-

such ist, den Tauschwert zu bestimmen. Mit dieser Entscheidung wird der Marxsche Wertbegriff zu einem ideologischen Begriff. DANN ALLERDINGS ist jeder Tausch, bei dem nicht die gleichen Marxschen Werte getauscht werden, ein Unrecht und eine Ausbeutung.

Die von Karl Marx angestellten wissenschaftlichen Untersuchungen über die Natur des Kapitals, wonach der Mehrwert untrennbar mit der Privatindustrie und dem Privateigentum und den Erzeugungsmitteln anzusehen ist, ist falsch, weil eine solche Lehre eben von falschen Voraussetzungen ausgeht und darum richtiggestellt werden muss. Es ist vielmehr so: Das Kapital per se ist kein Sachgut, sondern, wie schon vom Sozialisten Proudhon (einem Gegner von Marx) definiert, ein „von Angebot und Nachfrage unbeschränkt beherrschtes Marktverhältnis". Proudhon hat da völlig Recht. Alle Probleme rühren von unserem verkehrten Bodenrecht und dem ebenso verkehrten Geldwesen her.

Allerdings stimme ich einem der schärfsten Marx Kritiker Silvio Gesell nicht zu, wenn er behauptet, dass Karl Marx „... das Geldwesen aus dem Kreis seiner Betrachtungen ausschließt" und „am Geld nichts auszusetzen findet" (NWO 314). Das Gegenteil ist der Fall. Das ganze dreibändige Hauptwerk Marxens handelt höchst kapitalkritisch ständig von Ware und Geld, Wertformen, Geld und Warenzirkulation, Verwandlung von Geld in Kapital, Zins und dergleichen. Nicht alles, was Marx schrieb, war falsch, doch das meiste. Das, was falsch war, Marxens grundlegende Irrtümer aber allein blieben wirksam – als Staatsreligion in den so genannten Volksdemokratien. Marx irrte bereits beim Festlegen des Wertes einer Ware, indem er die ARBEIT und die ARBEITSZEIT als gemeinsame gesellschaftliche Substanz der Ware postulierte. Marx drückte sich immer etwas umständlich aus. Was er meinte, war einfach folgendes: „Der Wert der Ware ist die Menge der gesellschaftlich notwendigen Zeit, die für ihre Produktion erforderlich ist“ und „Der spezifische Gebrauchswert der Arbeitskraft ist ihre Fähigkeit, mehr zu erzeugen, als das, was für ihre Existenz, für ihre Reproduktion notwendig ist.“ Dazu sage ich noch einmal: Bei der Geschwindigkeit (bedingt durch die Mechanisierung der Arbeit), in der manche Waren fertig produziert werden, würde sich deren Wert nahezu auf NULL reduzieren, d. h., man müsste sie fast umsonst bekommen. Auf diesem wackeligen Fundament „Wertlehre“ baute Karl Marx dann seine „Mehrwert-Lehre“ auf, und zwar folgendermaßen: „Kapital kann also nicht aus der Zirkulation entspringen, und es kann ebenso wenig aus der Zirkulation nicht entspringen. Es muss zugleich in ihr und nicht in ihr entspringen.“ ???? ?????

Marx macht bei seiner Untersuchung des Kapitals gleich den ersten Kapitalfehler, indem er Kapital als SACHGUT definiert. Ich aber sage: Der

Mehrwert ist nicht das Produkt eines Sachgutes, sondern eines wirtschaftlichen Zustandes, eines Marktverhältnisses. Marx sieht im Mehrwert einen Raub, die Frucht des Missbrauchs einer Macht, die der Besitz gibt. Ich sage: Der Mehrwert unterliegt dem Gesetz von Angebot und Nachfrage, ich ziehe sogar, im Gegensatz zu Marx, die Möglichkeit eines negativen Mehrwerts in Betracht. Während Karl Marx die Macht der Besitzenden brechen will, indem er eine politische Übermacht der Besitzlosen schaffen will, meine ich, dass wir das Hindernis beseitigen müssen, welches uns von der vollen Entfaltung unserer Produktionskraft abhält. Marx will Streik, Krisen und gewaltsame „Enteignung der Enteigner", ich sage, dass genau dies falsch ist, denn es ist gerade der Streik, die Krise und die Arbeitslosigkeit, welche das Kapital letztendlich STÄRKEN statt schwächen. Nichts kann das Kapital schlechter vertragen als unverdrossene Arbeit. NIEMALS wird dem Zins durch Streik etc. auch nur 1% abgeluchst werden. Während Marx im Privateigentum eine Kraft und Übermacht sieht, sage ich, dass diese Übermacht im Geld ihren Stützpunkt hat und diese Kraft sich sogar in eine Schwäche verwandeln kann.

Marx sagt, dass das Kapital ein Sachgut sei. Doch nein, wenn dem so wäre, dann müsste mit jeder Vermehrung der Sachgüter auch das Kapital entsprechend gestärkt werden. Dem ist aber nicht so. Unter Umständen gelten 10 Zentner Fische auf dem Markt mehr als tausend Zentner, und wenn die Luft nicht so massenhaft vertreten wäre, dann wäre sie sehr teuer. Jetzt erhält sie (noch) jeder umsonst. Eine Besteuerung der Luft scheint mir jedoch in gar nicht so weiter Ferne zu liegen....

Der Kommunismus a la Marx kann einfach nicht funktionieren, es sei denn auf dem Papier. Ein kleines Experiment soll dies verdeutlichen: Schlagen Sie doch einmal eine LOHNGEMEINSCHAFT in einer Fabrik oder Gruppe bzw. Arbeitsgemeinschaft von Kommunisten vor. Man würde die Löhne zusammenlegen und die Summen nach den Bedürfnissen der einzelnen Familien verteilen. Die tüchtigsten und besten Arbeiter müssten dann ihren Lohn in den gemeinsamen Topf tun, von wo er dann verteilt wird auf die Gesamtanzahl der Arbeitenden. Die Reaktion auf einen solchen Vorschlag, dem ja auch in unserer augenblicklichen kapitalistischen Gesellschaft nichts im Wege stünde, wäre ... GROSSES VERLEGENES SCHWEIGEN.
Und doch bleibt auch nach dem Zusammenbruch des real existierenden Sozialismus der Mythos Marx erhalten, sowohl in der Philosophie als auch in der politischen Theorie. Darum ist es von Zeit zu Zeit notwendig, Karl Marx, seine Lehre und deren Anhänger auf den Boden der Wahrheit zurückzuholen.
Da kann ich nur Winston Churchill zustimmen, wenn er sagt: „Dem Kapitalismus wohnt ein Las-

ter inne: Die Verteilung der Güter. Dem Sozialismus hingegen wohnt eine Tugend inne: Die gleichmäßige Verteilung des Elends."

WIE WIRTSCHAFTSKRISEN ENTSTEHEN

Alle Wirtschaftskrisen werden WILLKÜRLICH durch Banken verursacht, **keine** durch die Politiker. Ich gebe ein Beispiel für viele, nämlich die Wirtschaftskrise der Dreißiger Jahre. Fragen sie doch einmal einen Professor der Wirtschaftswissenschaften, ob er ihnen erklären kann, wie es zur Wirtschaftskrise der Dreißiger kommen konnte. Mit Sicherheit weiß er es nicht, weil man ein solches Wissen an Schulen und Universitäten nicht lehrt. Zur Wirtschaftskrise der Dreißiger Jahre kam es aus folgenden Gründen:
Kanada 1930. Fruchtbares Ackerland, gewaltige Wälder, riesige Rohstoffvorkommen und keine Kriegsreparationen zu bezahlen. Arbeiter tüchtig, Bauern fleißig, Unternehmer innovativ. Kanadas Transportwesen = ausgebaut, hoch wirksam an Eisenbahnen und Straßennetzen und Wasserwegen im Inland und auf dem Meer. Nachrichtenverbindungen von Kanada = die besten der Welt (Telefon, Telegraf, Rundfunk und ein gut arbeitendes Postwesen). Bevölkerung gesund, Geburtenüberschuss, keine Hungersnot im Land. Dann kam die Krise, eine Krise gewaltigen Ausmaßes.

Kanada wurde bankrott aus heiterem Himmel. Folgendes war geschehen:

1. DIE BANKIERS, die Herren in Nadelstreifen, die (in diesem Falle) Schurken mit dem servilen Lächeln im Gesicht, diese lieben Leute begannen, Milliarden aus dem Wirtschaftskreislauf zu ziehen, und zwar durch extreme Erhöhung der Zinsen. Dadurch wurde die Kreditnachfrage vermindert. Es wurde den Leuten nach und nach mehr und mehr erschwert, sich neue Kredite zu leisten. Die verminderte Kreditnachfrage führte zur Minderung der Geldmenge. Die Unternehmer konnten ihre Lieferanten und Arbeiter nicht mehr bezahlen, dies führte zu einer Minderung der Produktion. Die Folge: Massenkündigungen und Konkurse. Die fehlenden neuen Kredite führten zu einem Rückgang der Nachfrage nach Gütern und Dienstleistungen. Die Folge: Produktionsflauten, Arbeitslosigkeit und Anschlusskonkurse.

2. Die von den Banken orchestrierten hohen Zinsen zwangen die Menschen wiederum, mehr zu sparen (Bankeinlagen). Auch dieses Geld wurde temporär dem Wirtschaftskreislauf entzogen, und das führte zu einer Geldumlaufverminderung. Allerdings nur faktisch, denn das Geld existierte ja weiter als Buchgeld, wurde aber nicht benutzt. Die Bankiers zogen die Existenzschraube weiterhin an, indem sie dem Staat, den Industrien, den Gewerbebetrieben und den Bauern Darlehen verweigerten, zugleich aber die Rückzahlung der bestehenden Darlehen und Kredite forderten, was

eine weitere Minderung der Geldmenge zur Folge hatte.
Dies verursachte eine Wirtschaftsflaute sondersgleichen in Kanada. Obwohl Güter vorrätig waren, um verkauft zu werden, obwohl Arbeiten darauf warteten, getan zu werden, konnte das niemand bezahlen, denn es war kein Geld da. ¼ aller Arbeiter waren gekündigt. Und die Herren Banker drehten die Existenzschraube weiter an: Die durch die Wirtschaftsflaute Konkurs gegangenen Betriebe (land- und forstwirtschaftliche Anwesen) samt Land, und zwar über eine Million Quadratkilometer (dreimal die Fläche Deutschlands) und zehntausend weitere Gewerbebetriebe und Industrien fielen wie überreifes Fallobst in die Hände der Banken, und zwar per Hypotheken. Die Geldmenge / Pro-Kopf-Zahlen Kanadas sagt mehr als viele Worte:

1929	302 Can-$
1933	236 Can-$
1934	237 Can-$
1935	247 Can-$
1938	274 Can-$

Dies alles hat man natürlich verschwiegen. Man hat allerlei Leute für die Krise verantwortlich gemacht, zum Beispiel die Politiker und dass sie falsch reagiert hätten. Viele Politiker mussten ihren Hut nehmen, andere wurden als Beseitiger der Krise gefeiert. Doch dies waren und sind alles

LÜGEN! Die Politiker hatten weder etwas für das Zustandekommen noch für das Verschwinden der Krise getan. Die BANKEN waren es, DIE BANKEN alleine verursachten diese Krise, und auf gleiche Weise geschah das in Amerika UND in Deutschland, was zur Nazi-Diktatur führte. Der Leser zweifelt? Die Internationalen Banker verursachten 1929 den künstlich inflationierten Börsenboom und danach die „Great Depression" in Amerika. Die Felder standen in voller Blüte, doch die Menschen hungerten, weil die Banken den Farmern keine neuen Kredite mehr gewährten, zumindest nicht zu den bis dahin üblichen Zinsen. In Deutschland wurden die Goldreserven ausgelaugt, eine Geldmengenreduktion setzte ein, weniger Kredite wurden gegeben und zugleich die Zinsen auf 15% erhöht. Die Industrieaktivität in Deutschland wurde stark reduziert, Amerika konnte wegen seiner eigenen Krise keine Kredite an Deutschland mehr gewähren. Es fand eine „Flucht vor der D-Mark" statt, Deutschland ertrank in einem Ozean von Schulden, Angst und Verzweiflung. Bei 7 Millionen Arbeitslosen erschien dann Hitler und wurde von denselben Leuten (Banken) finanziert, die den weltweiten Crash verursacht hatten. Die nun wieder steigenden Aktien waren aber vorher zu Pfennigen oder Pennies auf die Note von den Finanzhaien aufgekauft worden, die diese Krise verursacht hatten und nun BILLIONEN daran verdienten.

AUFGEPASST, lieber Leser, aufgepasst! Am meisten verdienen die Banken an selbstgemachten Krisen, und die nächste solcher Krisen steht bereits ante porta, und man wird es auf „Corona“ schieben.
Woher wissen eigentlich die Banker, wie man so etwas macht, wie man Menschen ins Unglück stürzt und noch daran verdient? Nun, dafür gibt es ein HANDBUCH, „Protokolle“ genannt, die ich in ihrer Vollständigkeit bereits vor über dreissig Jahren (übrigens lange vor Van Helsing) HANDSCHRIFTLICH im *BOOK OF LIGHT* niedergeschrieben und in der Library of Congress Washington DC unter TXU 471243 und TXU 623779 registriert habe. Diese sogenannten „Protokolle“, zum ersten Male 1897 in Basel in illustrer Runde verlesen, sind das Handbuch der Unmenschlichkeit für jene Politiker und Banker, die uns belügen und betrügen und sich an dem Leid der Menschen auch noch ergötzen. Ich zitiere Absatz 3 SCHULDENWIRTSCHAFT:
„Wir werden damit beginnen, ungeheuere Monopole zu errichten, Behälter gewaltiger Reichtümer, von denen selbst die großen Vermögen der Gojim so sehr abhängig sein werden, dass sie zugrunde gehen MÜSSEN, zusammen mit dem Kredit der Staaten, am Tage nach dem politischen Zusammenbruch ....Wirtschaftskrisen zur Schädigung gegnerischer Staaten haben wir lediglich durch Zurückziehung des Geldes aus dem Umlauf hervorgerufen. Große Kapitalien wurden von uns

aufgehäuft und so dem Staate entzogen, der dadurch gezwungen war, diese selben Kapitalien als Anleihe von uns zu entnehmen. Diese Anleihen belasteten die Staaten mit Zinsen und machten sie zu willenlosen Sklaven der Kapitalisten... Jede Staatsanleihe beweist Schwäche und einen Mangel an Verständnis für die Rechte des Staates. Anleihen hängen wie ein Damoklesschwert über den Köpfen der Staatsbürger. Anstatt von ihren Untertanen eine zeitgemäße Steuer zu erheben, kommen sie mit ausgestreckten Händen zu unseren Bankherren betteln. Fremde Anleihen sind Blutegel; es gibt keine Möglichkeit, sie vom Staatskörper zu entfernen, bis sie von selbst abfallen oder der Staat sie abschüttelt. Aber die Gojimstaaten (nichtjüdischen Staaten) schütteln sie nicht ab, sondern setzen sich immerzu neue an, so dass sie unvermeidlich zugrunde gehen müssen, entkräftet vom freiwilligen Aderlass.
Was ist eine Anleihe, besonders eine fremde, anderes als eine Blutanzapfung? Sie ist eine Ausgabe von Schuldverschreibungen, die eine Zinsverpflichtung enthalten, entsprechend der Summe des Leihkapitals. Wenn die Anleihe auf 5 Prozent lautet, dann hat der Staat in zwanzig Jahren eine der Anleihe gleiche Summe an Zinsen für nichts gezahlt, in sechzig Jahren die dreifache, und immer bleibt die Schuld noch unbezahlt. Hiernach ist klar, dass der Staat nur die letzten Pfennige armer Steuerzahler einzieht, um die Forderung reicher Fremdlinge zu erfüllen, von denen er Geld

geborgt hat, anstatt diese Pfennige für seine eigenen Zwecke ohne die hinzukommenden Zinsen zu sammeln. Solange die Anleihen innere waren, steckten betrügerische Politiker ihr Geld nur aus den Taschen der Armen in die der Reichen, nachdem wir aber die maßgebenden Personen kauften, um Anleihen im Ausland unterzubringen, floss aller Wohlstand der Staaten in unsere Kassen, und die Gojim begannen uns, den Untertanen, Tribut zu zahlen.... Die Oberflächlichkeit der Herrscher in Bezug auf Staatsangelegenheiten und die Bestechlichkeit der Minister oder der Mangel an Verständnis für Geldsachen seitens anderer herrschender Personen haben ihre Länder zu Schuldnern unserer Schatzkammern gemacht in solcher Höhe, dass die Schulden unmöglich bezahlt werden können.... Wie deutlich ist die unentwickelte Denkkraft der vor nichts zurückschreckenden Gojimgehirne in der Tatsache ausgedrückt, dass sie Anleihen mit Zinsverpflichtungen bei uns aufnahmen, ohne je zu bedenken, dass sie doch dieselben Summen zuzüglich der Zinssummen aus ihren eigenen Staatstaschen nehmen müssen, wenn sie uns befriedigen wollen. Was wäre einfacher gewesen, als dass sie das benötigte Geld von ihrem eigenen Volk nahmen und die Zinsen sparten?... Aber wenn die Komödie zu Ende ist, merkt man, dass man sich nur eine vermehrte Schuld aufgeladen hat. Um die Zinsen zahlen zu können, muss man seine Zuflucht zu neuen Anleihen nehmen, welche die Kapitalschuld erhöhen. Und wenn dieser Kredit erschöpft ist, muss man durch neue Steuern ... nicht die Anleihe, sondern nur deren Zinsen decken. Diese Steuern sind also eine Schuld, um eine andere Schuld zu decken..." Ende des Zitates. Alles klar?

DIE ABSOLUTE NOTWENDIGKEIT DES GELDES

Ohne Moos nix los. Moos kommt dem wahren vernünftig gewählten Material des Geldes viel näher als irgendein Metall. Geld, Münzgeld ausgenommen, sollte nur aus Zellstoff bestehen sowie die Aufgaben eines Tauschmittels übernehmen können, und zwar ohne sich an irgendeine bestimmte Ware (Gold, Silber, etc.) anzulehnen. Außer dem Wert, den es selbst besitzt, sollte das Geld keinen anderen Wert eintauschen können. Wir brauchen nur Papiergeld und durch Prägung gewertete Münzen als Tauschmittel.

MEIN ANLIEGEN

Ich wollte dieses Kapitel eigentlich zu Beginn des Buches schreiben, doch ich meine, es war nötig, dem Leser zunächst einmal einige der größten Schwierigkeiten und Probleme unserer Marktwirtschaft und Gesellschaftsordnung sowie deren Ursachen zu präsentieren, damit er dann ein vielleicht noch offeneres Ohr für mein Anliegen hat.

Also, mein zentrales Anliegen ist folgendes: Ich möchte die Menschen aus der Übermacht des Kapitals befreien, und der Weg dazu ist die Gleichstellung des Geldes zur Arbeit und den Früchten der Arbeit. Diese Gleichstellung sehe ich darin, dass ich Geld durch eine direkt auf Geld wirkende Gebühr demselben Angebotszwang aussetze, unter dem Arbeit und Ware naturgemäß stehen.
Ich möchte nicht die Früchte der Arbeit und die Waren dem Geld überlegen machen durch Inflationierung des Geldes oder durch überhöhte Steuern (wie es z. B. Irving Fisher vorschlug), denn ich weiß genau, dass dann das Geld seinen Dienst als Tauschmittel genau so wenig erfüllen kann wie bei Deflation. Ich fordere eine Gebühr in genau dem Ausmaß als notwendig ist, um das wirtschaftliche und monetäre Gleichgewicht herzustellen.
Ich sage, dass diese Geldgebühr oder Steuer aber eine unbedingte Notwendigkeit ist. Eine leichte Inflation (wie manchmal vorgeschlagen) kann die Vormacht des Geldes nicht brechen. Man bedenke: Ist die Inflation bei etwa 3%, verlangt das Geld einen Ausgleich, nämlich die Inflationsprämie auf den Zins. Zu hohe Inflation versagt überhaupt als Tauschmittel. Deflation tut dasselbe mit ihren sinkenden Preisen, Arbeitslosigkeit und Absatzschwierigkeiten. Ohne eben diese von mir vorgeschlagene Gebühr, welche den Geld-Vorteil oder Vorsprung ausgleichen soll, kann das Geld gar nicht stetig umlaufen. Die Folge: Immer wie-

der Arbeitslosigkeit, Krisen und Kriege. Die Geldgebühr ist eine unabdingbare Notwendigkeit und der zentrale Punkt meiner Reformvorschläge. Natürlich gibt es auch die anderen Maßnahmen wie Indexsteuerung, Bodenreform, Staatsabbau, Freihandel usw., doch im Vergleich zur Geldgebühr sind sie von untergeordneter Bedeutung. Wir brauchen ein ebenes Feld zwischen Kapital und Arbeit, wenn man solche Reformen überhaupt durchführen will. Die Reform, wie ich sie vorschlage, kann nicht auf einmal durchgeführt werden. Einige Reformen sind davon abhängig, dass andere schon durchgeführt worden sind, und einige andere bedingen sich wiederum gegenseitig. Man sollte zunächst solche Reformen beiseite lassen, die kaum Hoffnung auf Durchführung ohne eine absolute Mehrheit im Staat haben. Ich meine damit die von mir hier vorgetragene und vorgeschlagene Bodenreform. Ich schlage vor, mit der Reform des Geldes zu beginnen, wie in diesem Buch beschrieben.

DER EURO

Ich sage den Euro-Crash voraus. Das war dann so geplant. Der Euro wird wirtschaftlich und politisch in einer Katastrophe enden, deren Folgen kaum absehbar sind. Diese Kinder - Monopoly - Geldwährung ist zugleich auch eine Beleidigung für die Intelligenz in diesem Lande. Eine auf dem Euro basierende Währungsreform ist zum Scheitern verurteilt, weil sowieso nur halb Europa den Euro einführt. Die Einführung des Euro ist der Preis für die deutsche Wiedervereinigung, ein Preis, den man allerdings nicht hätte zahlen müssen, obwohl bei der Wiedervereinigung Deutschlands der internationale Druck auf die Bundesregierung so massiv war, dass anscheinend die Zusammenführung der beiden deutschen Staaten nur um den Preis der Aufgabe der D-Mark zu erlangen war.

Der Euro ist ein Unglück für das deutsche Volk. Der Euro, diese Gleichmacherwährung, ist der erste Schritt in eine falsche Richtung. Der Euro nützt nur einigen wenigen, nämlich dem Großkapital. Man bedenke: Großkonzerne bezahlen im Schnitt 28–30% Ertragssteuern, während der Mittelstand mit durchschnittlich 66% vom Fiskus zur Kasse gebeten wird. Von ALLIANZ bis BAYERNBANK verfügen die Versicherungs-Giganten über mehrere hundert Milliarden DM (jetzt Euro) UNVERSTEUERTE stille Reserven (Geldhortungen), während an die über mittlerweile 10 Millionen Arbeitslose (und nicht 2 Millionen, wie man uns weismachen will) um ihre Existenz kämpfen müssen. Die Arbeitslosenzahlen steigen in dem Maße, wie sich die Profite der Konzerne erhöhen.

Übrigens sind nicht alle Politiker korrupt und lassen sich vor den Geldschwindelkarren spannen. John F. Kennedy wollte im Grunde genau dasselbe wie ich jetzt, nur etwas angepasst an das amerikanische System. Er wollte die Privatbanker und den ungesetzlichen Federal Reserve Act umgehen und damit die Staatsverschuldung beseitigen. So ordnete Kennedy im Juni 1963 unter EO 11.011 (Emergency Order) den Druck von 400 Milliarden Dollar STAATSGELD an. Das gefiel den privaten Gelddruckern aber gar nicht, denn sie leben ja davon, dass man sich das Geld **von ihnen** leiht und es dann **IHNEN** Geld schuldet, und so entledigte man sich des Präsidenten.

Das Erste, was sein Nachfolger L. B. Johnson tat, war nicht, wie viele Historiker meinen, Kennedys Nichtangriffs-Befehle Vietnam betreffend zu ändern, nein, das Erste, was Johnson tat, war, Kennedys 400 Milliarden Dollar **Staatsgeld** wieder einzustampfen. Einige davon sind heute noch in Amerika in Umlauf. Lange vor Kennedy wollte Abraham Lincoln bereits gegen die korrupten Banken aufbegehren, er druckte sich das Geld, also **Staatsgeld**, die so genannten „Greenbacks" für den Bürgerkrieg selbst und gewann ihn. Was daraufhin mit Lincoln geschah, wissen wir ja. Dies und vieles andere mehr finden wir im *BUCH DES LICHTS*.

DIE WAHREN SCHULDIGEN AM BANKENSCHWINDEL

Lieber Leser, WER ist denn nun wirklich Schuld an der bewusst geplanten, gesteuerten und gezielten Banken- und Wirtschaftsmisere in unserem Lande und in anderen Ländern? Das sind unter anderem Gruppen wie

DIE BILDERBERG-GRUPPE

Im Mai 1954 traf sich eine Gruppe von über hundert Persönlichkeiten aus dem Finanzwesen, der Politik, den Medien und Universitäten unter dem Vorsitz des Prinzen Bernard der Niederlande unter einem noblen Vorwand: Der Kampf gegen die russische Expansionspolitik. Das Treffen fand in Oosterbeck im Bilderberg-Hotel statt. Ich möchte hinzufügen, dass Prinz Bernard von der Niederlande den höchsten Aktienanteil an „Royal Dutch Petroleum" und an der belgischen Bank „Societe Generale de Belgique" (Rothschild-Verbindung) besitzt. Die Bilderberg-Gruppe trifft sich 2 bis 3 Mal im Jahr, ausgenommen eines kleinen „Komitees", welches sich zusätzlich 2 bis 3 Mal im Jahr an verschiedenen Plätzen trifft. Nach dem Lockheed-Skandal und Sexgeschichten musste Prinz Bernard vom Vorsitz zurücktreten, denn die Bilderberger brauchen eine nach außen UNBESCHOLTENE, harmlose, ja farblose Person als Vorsitzenden, um so ungestört ihre kriminellen

Machenschaften zu praktizieren. Eines der Bilderberg-Treffen fand 1991 in Baden Baden statt, in der Stadt, in der ich damals lebte. Von Lord Carrington, Henry Kissinger über Agnelli, Conrad Black (Hollinger Corp.), Kenneth W. Dam (IBM) waren sie alle vertreten, die Feinde der Nationen-Idee. Der heutige Präsident der Bilderberger ist Lord Carrington. Er war auch der Gründer der betrugs- und skandalgeschüttelten Anwaltsfirma „Kissinger Associates“. Wenn man heute im Weißen Haus in Washington Informationen über die BILDERBERGER haben will, dann bekommt man nur eine mit mitleidvollem Lächeln gepaarte Antwort: „WAS? BILDERBERGER? Haben wir nie gehört. Gibt es nicht.“
Fakt ist: Wir sind Marionetten von 50 bis 100 Gehirnen, die die finanzielle Geschichte der Welt leiten und nach Belieben manipulieren.

Die Trilaterale Verschwörung

Die meisten Verschwörungstheorien sind falsch. DIESE ist richtig. Man lese und staune: Die weltweite Wirtschaftskrise schadete nur den Ländern, nicht den Banken. Jene, die sich bei der Wirtschaftskrise ins Fäustchen lachen, weil sie den großen Reibach dabei machen, sind die Mitglieder der „Trilateralen Kommission“. Trilateral deshalb, weil deren Mitglieder von den drei Supernationen bzw. Wirtschaftskräften stammen, also von Nordamerika, Westeuropa und Japan, wobei ihre Macht sich nicht auf diese Zonen beschränkt, sondern die gesamte Erde umfasst. Ihre Treffen sind sehr geheim und diskret und finden einmal im Jahr und immer an verschiedenen Plätzen statt. Auf diesen Treffen werden die Pläne und Anweisungen entworfen, denen dann später die Länder und deren Regierende zu folgen haben. Diese Regierenden (unsere eingeschlossen) sind meist Marionetten der „Trilateralen Kommission". Die OFFIZIELLE Version der Trilateralen Kommission wurde 1973 gegründet, angeblich um die Zusammenarbeit zwischen den drei Wirtschaftsblöcken zu fördern. In Wirklichkeit war die trilaterale Kommission eine Idee von David Rockefeller bzw. Zbigniev Brezinski. Weitere prominente Mitglieder der Trilateralen Kommission sind Giscard d'Estaing, sein Minister Raymond Barre und die Minister und meisten Staats- und Finanzchefs der drei Wirtschaftsblöcke auf Erden. Wir werden in Wahrheit regiert von privaten Bankriesen wie Chase Manhatten, Lehman Brothers, Bank of America, Compagnic Financiere (Rothschild), Barclays Bank und von großen Konzernen wie Coca Cola, Bendix, IBM, Hewlett Packard, Dunlop, Mitsubishi, Pechiney-Ugin-Kuhlman, Japan Airlines, Gatt, Exxon und anderen. Sie alle sind Wasserträger der Trilateralen Kommission. Die Ideologie der Trilateralen wird treffend von Baron Edmund von Rothschild im Enterprise Magazine verkündet: „Die Struktur, welche verschwinden muss, ist die Nation".

Warum wohl? Nun, um der „Eine Welt Ordnung“ Platz zu machen. Dazu vergleiche man die Worte eines „Great Convent of Great Orient of France“-Mitglieds von 1928: „Die Idee eines Landes oder einer Nation muss im Denken und Geist unserer Kinder ZERSTÖRT werden. Sie muss völlig modifiziert werden.“
Die ganze Wahrheit über die Bilderberger und die Trilaterale Kommission erfahren Sie im *BUCH DES LICHTS*.

WAS IST NUN KONKRET ZU TUN?

Unser Geld muss verstaatlicht werden.
„Schau nach vorn, nicht zurück“ singt Udo Jürgens, doch ich bin da anderer Meinung. Im Falle der Finanzmisere, in der die Bundesrepublik steckt, sollte man zur Tat schreiten und zurück schauen ins Jahr 1948. Am 20. Juni dieses Jahres erhielt jeder Bundesbürger ein „Kopfgeld“. Ich sage, das müssen wir wieder einführen. Wir müssen einen Tag des KOPFGELDES einführen und ihn zum Nationaltag erklären. Was war denn damals geschehen?
Die Währung der Reichsmark (RM) wurde durch die neue Währung der „Deutschen Mark“ (DM) ersetzt. Alle Geldbeträge waren von einem Tag auf den anderen fast nichts mehr wert. Man wertete sie ab im Verhältnis 10:1, aber auch 6,5:1 und tauschte sie um in DM. Einfach alles wurde umgetauscht bzw. umgerechnet: Geldbeträge –

Bargeld, Sparguthaben, Lebensversicherungen UND Schulden, alles. Dies galt für den Fabrikbesitzer ebenso wie für den Privatmann. Natürlich war in diesem Falle der Fabrikant übervorteilt, denn er bekam die 40 DM Startgeld plus den Wert seiner Fabrik. Grundig, Neckermann & Co lachten sich ins Fäustchen. Der kleine Mann startete neu mit DM 40, doch der „große“ Mann mit DM 40 PLUS Grundbesitz, Fabrik etc., also mit REALKAPITAL.
Wie auch immer: Mit diesem schulden- und zinsfreien Kopfgeld kam die im Zweiten Weltkrieg ruinierte deutsche Wirtschaft erstaunlich schnell wieder in Gang.
Ich schlage nun vor, dass die neu zu gründende STAATSBANK ebenso anfängt, als wären wir wieder bei Null. Das Monopoly beginnt wieder von vorn. Jeder bekommt frisches Geld, aber nicht zu den alten Spielregeln. Die Nationalbank setzt ihre Kopfgeldzahlungen fort und passt dabei die Geldmenge dem Produktivitätsfortschritt an und sichert den Geldumlauf durch Erhebung von Geldhortungsgebühren. Die Deutsche Bundesbank wird sich natürlich weigern, ihren verhängnisvollen Kurs zu korrigieren, darum ist DER EINZELNE Bürger, wozu natürlich (hoffentlich!) auch unsere Politiker gehören, aufgerufen, etwas zu unternehmen und z. B. mittels Volkentscheid einen Neuanfang durch Kopfgeldzahlung zu ERZWINGEN. Mit anderen Worten: Das Geld muss verstaatlicht werden. Und zwar so: DER STAAT

produziert das Geld von nun an aus Papier etc. und erhebt für Benutzung des Geldes eine tägliche Abgabe in Form der WERTABNAHME des Geldes. Der Staat bringt dann dieses Geld in Umlauf und regelt die Geldmengenzufuhr nach Bedarf. Auf ähnliche Weise wurde dies im frühen Amerika gemacht und es funktionierte mit nahezu NULL Dollar Staatsverschuldung ganz prima, bis die Herren Banker aus Europa kamen, den amerikanischen Geldmarkt mit Fälschungen etc. durcheinander brachten und dann 1913 die Autorität des Gelddruckens in einer eiligst erschummelten Abstimmung (Federal Reserve Act) als Federal Reserve System einführten. Federal Reserve FRAUD (Schwindel) wäre die bessere Bezeichnung gewesen.
Somit muss der Bundesbank das Recht, Geld zu drucken, ENTZOGEN werden, wenn nötig mit Volksabstimmung. Eine STAATSBANK (SB) muss von nun an das Geld drucken und in Umlauf bringen. Die Staatsbank hat auch keine Berechtigung Bankgeschäfte zu betreiben. Ein STAATSWÄHRUNGSAMT (SWA) muss eingesetzt werden, welches Geld ausgibt, wenn es im Lande fehlt und Geld einzieht, wenn es im Lande einen Geldüberschuss gibt. Ist das neue Geld erst einmal in Umlauf, muss das SWA das Tauschverhältnis des Geldes zu den Waren (allgemeiner Preisstand) beobachten, um den Preisstand der Waren durch Vermehrung oder Verminderung des Geldumlaufs stabil zu halten. Ich schlage als

Richtschnur eine Statistik für die Ermittlung des Durchschnittspreises aller Waren vor. Entsprechend der Statistik (Neigung des Durchschnittspreises nach oben oder unten) wird der Geldumlauf eingeschränkt oder erweitert. Muss die Geldausgabe vergrößert werden, so übergibt das SWA dem Finanzminister neues Geld. Dieses neue Geld verausgabt er durch einen entsprechenden Abschlag von allen Steuern. Ein Beispiel: Sind 1 Milliarde Euro Steuern einzuziehen und 100 Millionen Euro neues Geld in Umlauf zu setzen, dann muss von allen Steuerzetteln ein Abzug von 10% gemacht werden. Mit dem neuen Geld beherrscht also das STAATSWÄHRUNGSAMT als direkter Vertreter des Volkswillens in unbeschränkter Weise das Angebot von Tauschmitteln. Das STAATSWÄHRUNGSAMT ist dann also Alleinherrscher über Geldherstellung sowie über Geldangebot, und es schuldet NIEMANDEM auch nur einen Pfennig. Staatsverschuldung wäre dann NULL. Es ist ja sowieso pervers, dass wir für den Besitz unseres eigenen Geldes zahlen müssen, und zwar an Leute, die (im Vergleich zur Hauptsumme) ein paar Euro dafür zahlen und dann die Gesamtsumme plus Zinsen verlangen. Das von mir vorgeschlagene Staatswährungsamt bedarf auch keines großartig aufgeblähten Beamtenapparates wie heute die Bundesbank etc., denn das Staatswährungsamt betreibt keine Bankgeschäfte, hat keine Schalter, ja es hat nicht einmal einen Geldschrank. Das Geld wird in der **Staats-**

druckerei (SD) gedruckt und Ausgabe und Umtausch geschehen durch die **Staatskasse (SK**), wobei die Preisermittlung wie bereits erwähnt durch das Statistische Amt stattfindet. Das Geld wird dann mit geringem Personalaufwand von der Staatsdruckerei aus an die Staatskassen abgeführt und das für währungstechnische Zwecke von den Steuerämtern eingezogene Geld wird verbrannt oder recycelt.
Also: Geldschöpfung, Geldmengenregulierung und Geldumlaufsicherung sind Aufgaben des STAATES. Dies gilt auch für DIGITAL GELD, etc. Das SYSTEM ist wichtig. Die Währung muss leicht an Wert abnehmen, und pendelt sich damit automatisch zinsmäßig gegen Null ein. OM.
Ich beobachtete bei Recherchen, kaufmännische Aktivitäten betreffend, dass sich Waren manchmal schnell verkaufen ließen und einen guten Preis erbrachten, zu anderen Zeiten sich aber langsam verkauften und zu geringeren Preisen neigten. Die Gründe sind nur zunächst offensichtlich, weil man meint, es hätte hauptsächlich mit dem Bedarf für die Güter zu tun oder mit ihrer Qualität. Hat es aber nicht. Nach langem Nachdenken erkannte ich endlich, worum es sich hier handelt: Es hat mit dem Preis des Geldes auf dem Geldmarkt zu tun.
Die Leute kaufen, wenn ZINSSÄTZE niedrig sind und sie kaufen weniger, wenn Zinssätze höher sind. Überschuss oder Mangel an Geld liegt

an der Neigung der Geldbesitzer, dieses Geld auszuleihen. Wenn die Geldverleiher - also die Banken etc. - weniger als 2,5% Zinsen erhalten, neigen sie eher dazu, es zu behalten und verursachen damit eine Verringerung der Investitionen, mit der Folge, dass Firmen zusammenbrechen und es weniger Arbeitsplätze gibt. Sind die Leute dann (gezwungenermaßen) bereit, mehr Zinsen zu zahlen, wird Geld wieder zur Verfügung gestellt. Auf diese Weise entsteht wieder ein neuer wirtschaftlicher Zyklus, dessen geheime Triebkraft DIE GIER ist, die Gier derjenigen, die uns das Geld leihen, Geld, das ihnen an sich gar nicht gehört. Doch weiter: Anfangs gibt es hohe Zinssätze und hohe Preise für Waren, steigt jedoch das Waren- und Geldangebot, dann sinken die Zinssätze und das Ganze beginnt wieder uninteressant zu werden für die gierigen Bankhaie. Ist kein Geschäft mehr für sie. Wie erklärt sich nun dieses Phänomen? Es erklärt sich dadurch, dass Geld im Gegensatz zu allen anderen Gütern und Dienstleistungen praktisch ohne Kosten zurückbehalten werden kann. Hat jemand eine Tasche voller Geld und ein anderer eine Tasche voller Äpfel, dann wird derjenige, der die Äpfel hat, sie früher oder später verkaufen oder aufessen müssen, weil sie sonst verfaulen. Das Geld aber verfault nicht. Geld stinkt also nicht nur nicht, es verfault auch nicht. Der Geldbesitzer kann warten, bis der Preis seinen Erwartungen entspricht. Der Warenbesitzer kann dies nicht oder nicht immer. Daraus

folgerte ich: Dienstleistungen und Waren verursachen Lagerkosten, und so sollte es mit dem Geld auch sein. Die Lagerkosten oder Seinskosten des Geldes sollten im Mittel 5% der Summe jährlich betragen, was wiederum den Zinsen entspräche, die im Laufe der Geschichte für Geld bezahlt wurden. Es würde dann eine Wirtschaft frei vom Auf und Ab der Geldspekulation geben. Ich schlage also vor, ein Geldsystem so zu gestalten, dass das Geld darin ebenso vergänglich ist wie die Ware, d.h., es muss einer Benutzungsgebühr unterworfen werden. Diese Benutzungs- oder Umlaufgebühr ersetzt die Zinsen. Ich nenne dies eine „natürliche Wirtschaftsordnung", die den Geldfluss sichert, indem sie das Geld zu einer STAATLICHEN DIENSTLEISTUNG umfunktioniert. Dafür entrichten dann die Menschen eine Nutzungsgebühr. Genauer gesagt: Diejenigen, die Geld vom Umlauf zurückhalten, durch Hortung etc. sollen eine Gebühr zahlen, welche den aktiv am Marktgeschehen Beteiligten zugute kommt. Sie tauschen miteinander. Austausch gewährleistet die Akzeptanz des Zahlungsmittels.
Nehmen wir als Beispiel einen Eisenbahnwagen, der ein Transportmittel ist zum Austausch von Gütern. Dasselbe trifft für Geld zu. Wenn nun der Nutzer des Waggons den Waggon nicht gleich entlädt oder ihn stehen lässt, dann zahlt er eine Gebühr, „Standgeld" genannt. Genau das müssen wir mit dem Transportmittel GELD tun, nämlich eine „Behalte-Gebühr" entrichten, WENN wir

das Geld länger behalten als für den Zweck des Austausches (Kauf von Waren, etc.) erforderlich ist.

Ich fordere also eine NUTZUNGSGEBÜHR FÜR GELD. Dies würde einen ÖFFENTLICHEN GEWINN darstellen, während Zinsen einen PRIVATEN Gewinn bedeuten.

Um das Gleichgewicht zwischen Geldvolumen und Volumen der wirtschaftlichen Aktivität zu erhalten, müsste die „Geldgebühr" wieder in den Geldkreislauf zurückgebracht werden. Mit dieser öffentlichen Einnahmequelle werden dann die Kosten der STAATLICHEN Notenbank und des Geldumtausches abgedeckt. Gibt es Überschüsse, dann gehen sie – wie heute auch – in die Bundeskasse, und zwar zweckgebunden für Schuldentilgungen. Dies würde die Lösung vieler Probleme bedeuten, Probleme, die durch Zins und Zinseszins in der Vergangenheit hervorgerufen wurden und jetzt noch werden. Was wir brauchen ist also ein zinsfreies Tauschmittel, welches einer Nutzungsgebühr unterliegt. Ich schlage daher den nun folgenden Modellversuch vor, um die Richtigkeit meiner Thesen zu beweisen und in die Praxis umzusetzen:

Eine Kleinstadt mit etwa 5000 Einwohnern müsste sich zur Verfügung stellen. Dann gibt man dem Stadtrat zinsfreie Währung für sagen wir mal ein Jahr. Diese Währung wird durch den gleichen Betrag von gewöhnlichen Euro in der Bank abgedeckt. Nun soll die Stadt mit dieser neuen zinsfreien Währung alle Dienstleistungen bestreiten. Bezahlt wird mit eben dem neuen zinsfreien Eurogeld, welches Händler und Geschäftsleute in der Stadt akzeptieren. Die Benutzungsgebühr für das neue Geld beträgt 0,5% monatlich, also 6% im Jahr. Diese Gebühr muss von dem entrichtet werden, der die Banknote am Ende des Monats noch besitzt. Ist sie entrichtet, wird auf die Banknote eine Marke mit dem Wert von 0,5% geklebt. Ohne diese Marke ist die Banknote ungültig. Ein entsprechender Stempel oder Druck erfüllt denselben Zweck. Und so weiter jeden Monat. Das auf diese Weise behaltene und nicht ausgegebene Geld wird also jeden Monat für den Besitzer teurer bzw. für ihn weniger wert, eben durch diese Hortungs- oder Behaltegebühr. Ein solches zinsfreies und gebührenpflichtiges Geld ist nun gleichgestellt mit der Ware, es geht ihm wie der Ware selbst, es „verfault" sozusagen. Die geringe Gebühr wird also bewirken, dass jeder sein neues Geld so schnell wie möglich wieder ausgibt. Ja, man wird die Steuern sogar im voraus bezahlen, um das Zahlen der „Hortungsgebühr" zu vermeiden. Man wird auch feststellen, dass das neue zinsfreie Geld im Laufe eines Jahres Güter schaffen wird, die in Euro gerechnet nahezu tausend Mal mehr wert sind. Man kann diesen Mehrwert in das Wohl der Gemeinschaft zurückinvestieren und nicht zur Bereicherung Einzelner. Die Arbeitslosenzahl wird drastisch sinken. Ich sage: Wenn wir das Problem lösen wollen, dann müssen wir das Geld auf seine Funktion als Tauschmittel, Wertmaßstab, Wertspeicher und Wertaufbewahrungsmittel beschränken und das Geld NICHT als begehrteste Ware von allen sehen. Wenn aber eine Umlauf- oder Nutzungsgebühr eingeführt wird, um zu verhindern, dass das Geld zurückbehalten wird, dann bedarf dies einer genauen Anpassung an die für alle Transaktionen notwendige Geldmenge. Ist genug neues Geld für die Ausführungen sämtlicher Transaktionen vorhanden, dann braucht kein weiteres mehr in Umlauf gelangen. Das zinsfreie Geld würde dann nicht mehr dem exponentiellen oder quantitativen Wachstumsverhalten folgen, sondern dem NATÜRLICHEN und QUALITATIVEN Wachstum.

Man bedenke: 90% unseres heutigen Geldes existiert in Wirklichkeit als Geldguthaben oder in Form von Zahlen in einem Computer. Bei dem jetzt üblichen giralen Zahlungsverkehr würde die Nutzungsgebühr des dann zinsfreien Geldes einfach zu erheben sein. Ich schlage also vor, Geldguthaben, welche ihrem Besitzer jederzeit zur Verfügung stehen, mit monatlich einem halben Prozent, also 6% im Jahr zu belasten. Das Sparkonto jedoch unterliegt keiner Gebühr, dafür gibt es auch keine Zinsen für das Gesparte. Auf dieses Sparkonto könnte jeder, wenn er will, dann den Überschuss vom Giralkonto (also was verbleibt nach den laufenden Ausgaben im Monat) überweisen. Ich wiederhole: Zwar bringt dann das

Geld auf dem Sparkonto wie gesagt keine Zinsen, doch es behält seinen stabilen Wert, weil ein derart umlaufgesichertes Geld die Inflation verhindert. Man kann jetzt zur Bank gehen und einen Kredit verlangen, ohne Zinsen bezahlen zu müssen, sondern nur bis zur Abhebung des Geldes vom Kreditnehmerkonto eine Nutzungsgebühr von sagen wir einmal 5% im Monat plus einer Risikoprämie und Bearbeitungsgebühr von 1,5-2,5% der normalen Kreditkosten. Praktisch ändert sich da nicht viel. Die Aufgabe der Banken bleibt weiter die Vermittlung des Geldes.
Bei dieser neuen, von mir vorgeschlagenen Geldordnung muss natürlich das Gleichgewicht zwischen volkswirtschaftlicher Leistung und der Geldmenge gewährleistet sein. Dazu müssen die Banken – ebenso wie heute – größere Überschüsse an die Zentralbank zurückgeben oder an andere Banken mit Geldbedarf transferieren. Um Schwankungen in der Nachfrage nach Krediten zu verhindern bzw. auszutarieren muss eine geringe Regelgebühr erhoben werden, und zwar bei zuviel Geld +1% , bei zuwenig Geld –1%. Diese +/- Regelgebühr sollte aber nur TEMPORÄR eingesetzt werden und NICHT, wie es heute ist, als Mechanismus zur ständigen Umverteilung von Reichtum.
Eine elegantere Weise als die Hortung von Geldscheinen durch Aufkleben von Marken zu verhindern, wäre es, wie gesagt, die Banknoten in Serien mit verschiedenen Farbmarkierungen und

Größen zu drucken oder zu bestempeln, weshalb man dieses Geld auch Stempelgeld nennen kann. So könnte eine Serie Stempelgeld ein oder zweimal im Jahr ohne Vorankündigung eingezogen werden und niemand könnte größere Mengen von Banknoten ohne Verlust horten.
Der Aufwand für den Staat wäre nicht größer als heute, nämlich wenn der Staat abgenutzte Banknoten durch neue ersetzt, wie es ja üblich ist.

Bei dem heutigen System zahlen 80% der Bevölkerung drauf. Für sie würde mein neues System einen Verdienstzuwachs von ca. 30-50% bedeuten. Natürlich profitieren auch Leute aus der vermögenden Elite von dem neuen System, aber das sind nur etwa 10%. Denen wäre zwar der Zuwachs ohne Arbeit verwehrt, doch hätten sie dann einen stabilen Geldwert. Die bisher entstandene Ungleichheit zwischen Arm und Reich müsste dann über höhere Vermögens- oder Erbschaftssteuern etc. für die Reichen ausgeglichen werden. Allein durch Veränderung des Geldsystems kann diese Frage natürlich NICHT beantwortet werden. Muss denn erst wieder ein KRIEG kommen, damit wir uns besinnen auf den WAHREN Wert des Lebens (und des Geldes)?

Die Umlaufgeschwindigkeit des Geldes wiederum wird von den Notwendigkeiten der Wirtschaft selbst bestimmt und nicht so sehr von der Höhe der Umlaufgebühr. Wird z.B. in der Weihnachtssaison eine höhere Nachfrage an Gütern bestehen, dann wird das Geld schneller umlaufen, ist die Nachfrage geringer, dann zirkuliert das Geld langsamer, wobei die Geldmenge insgesamt nicht unbedingt größer oder kleiner werden muss. Wer die Umlaufgebühr verhindern will, der kann sein Geld auf das Sparkonto einzahlen, wo das Geld seinen Wert behält. Die Umlaufgebühr führt so nicht zu einer vermehrten Geldausgabe, was unter ökologischen Gesichtspunkten fatal wäre. Das neue zinsfreie Geld bietet im Gegenteil eine viel höhere Sicherheit als der mal schneller und mal langsamer sinkende Geldwert der heutigen Währungen. Langfristig kann das neue zinslose Geld natürlich als Sparanreiz wirken. Bei dem heutigen System passt sich die Wirtschaft dem Wachstumszwang im Geldsystem an, bei der von mir vorgeschlagenen neuen und zinsfreien Währung jedoch passt sich die Wirtschaft den Bedürfnissen der Menschen an. Innen- und außenpolitisch wird der Geldwert stabil gehalten, indem man das Geld auf einen Warenkorb bezieht und absichert. Dieser Warenkorb bezieht sich in erster Linie auf die Exportgüter der geldausgebenden Regionen oder Länder. So konnte jeder sicher sein, den entsprechenden Gegenwert für sein Geld zu bekommen. Eine Geldreform ohne Land- und Steuerreform ist jedoch unwirksam und nicht realistisch. Selbst bei dem neuen Geldsystem würde eine fehlende Landreform überschüssiges Geld von Bodenspekulanten anziehen. Wird die

Steuerpolitik NICHT reformiert (keine Einkommenssteuer mehr, keine Ökosteuer etc., was auch einen verantwortungsvolleren Umgang mit der Natur zur Folge hätte), dann blieben die ökologischen Probleme weiterhin bestehen.

GRUND- UND BODENREFORM

Die Gefahr, auch und gerade beim neuen zinslosen Geldsystem, ist jedoch folgende: Niedriger Zins führt immer zu mehr Landkauf. Wenn das neue Geldsystem ohne Zins und Inflation eingeführt wird, mag es sein, dass die Geldelite in sogar noch größerem Umfange als heute versuchen würde, ein Einkommen ohne Arbeit, jedoch durch den Besitz von Grund und Boden zu erzielen. Darum sage ich: Grund und Boden sollten, so wie Luft und Wasser, JEDEM gehören. Da stimme ich den Indianern von Nordamerika zu, wenn sie sagen: „Die Erde ist unsere Mutter, wie könnten wir sie aufteilen und verkaufen." Also: Grund und Boden muss der Gemeinde gehören und dann von der Gemeinde VERPACHTET werden. Die Einführung des Privatbesitzes ist ein durch römisches Recht eingeführtes Relikt aus dem späten Mittelalter.
Nun könnte man wieder einwenden: Der Kommunismus hat uns ja bewiesen, dass gemeinsamer Besitz von Grund und Boden nichts bewirkt. Dazu sage ich: Das Hauptproblem in den kommunistischen Ländern liegt in der unwirtschaftlichen

Nutzung des Landes. Man bedenke: In Russland werden über 60% der Nahrungsmittel auf jenen 4% des Bodens geerntet, die PRIVAT bewirtschaftet werden. Wo bleibt da das von den Kommunisten damals so vielgepriesene, angeblich erfüllte Plansoll? SO wird es nie erfüllt werden. Was wir brauchen, ist eine KOMBINATION aus PRIVATER Nutzung und GEMEINSCHAFTLICHEM Besitz, dann sind individuelle Entwicklungsmöglichkeiten und soziale Gerechtigkeit gewährleistet. Nun bin ich nicht so naiv, anzunehmen, dass man in unserer heutigen Gesellschaft und Zeit die Landbesitzer einfach enteignet ohne Entschädigung, denn sie haben das Land, das sie besitzen, ja entweder gekauft oder legal geerbt.
Man kann nicht von diesen Leuten erwarten, dass sie in einem Anfall von Menschenfreundlichkeit und Idealismus sagen: „Hier haste mein Land, es gehört jetzt dir."
Es muss also, der Gerechtigkeit halber, eine Entschädigung gezahlt werden. Dazu brauchen die Gemeinden zusätzliche Mittel, die sie folgendermaßen erlangen könnten: Die Gemeinden müssen auf sämtliches Land eine jährliche Abgabe von 3% des Wertes erheben. Mit diesem Geld könnten sie das Land erwerben, das zum Kauf ansteht. Dies würde vielleicht bis zu 30 Jahre oder mehr dauern, DANN aber könnte die Gemeinde ihren eigenen Grund und Boden zurückerwerben und an private Nutzer VERPACHTEN. Eine weitere Möglichkeit wäre es, dass die Landeigentümer ihr

Land für 33 Jahre verkaufen, nach denen ihnen weiterhin das Recht verbliebe, dasselbe Land in Erbpacht zu nutzen, allerdings dann mit 3% Abgabe auf den gültigen Bodenwert. Man könnte auch eine solche Steuer nach sozialen oder ökologischen Gesichtspunkten staffeln. Dies würde zu einem sofortigen Ende von Landkaufspekulationen führen. Um einen fortschreitenden Verlust zu vermeiden, könnte man den größten Teil des Landes, das Menschen heute besitzen, ohne es zu nutzen, auf dem Markt anbieten. Dies würde, je mehr Land verfügbar ist, zu einem SINKEN des Bodenpreises führen, und das gäbe mehr und mehr Menschen die Möglichkeit, das verfügbare Land auf produktive Weise zu nutzen, und zwar besonders in den ENTWICKLUNGSLÄNDERN, die Produktion von Nahrungsmitteln betreffend. Heute ist es so, dass die Nahrungsmittelerzeugung im Verhältnis zum Bevölkerungswachstum immer geringer wird. Das hat nichts mit der Agrartechnik zu tun, sondern ist verursacht durch einen Mangel der Verfügbarkeit von Boden für kleine landwirtschaftliche Produktionsbetriebe. Das wäre bei dem von mir vorgeschlagenen System des zinslosen, nicht hortbaren Geldes nicht möglich. Da hätten PÄCHTER sämtliche Vorteile des heutigen Erbpachtsystems, weil sie ihren Besitz im Rahmen der lokalen Planungsvorhaben nutzen und ihre Häuser verkaufen, auf dem Land bauen, an Dritte weitervermieten können, solange sie die Pacht bezahlen. Sie könnten ihre Häuser aber auch ihren Nachkommen vererben. Die Höhe der Pacht wird z.B. durch öffentliche Ausschreibung etc. festgelegt, wobei man Ineffektivität der Planwirtschaft oder bürokratische Festlegung vermeiden sollte.

Die von mir vorgeschlagene Geld- und Bodenreform würde einen enormen Ballast von den Schultern der arbeitenden Bevölkerung nehmen, denn die ist es doch, die letztlich immer für den Gewinn der Spekulanten bezahlt. Dies ist ja auch der Grund, warum Land so häufig missbraucht wird. Ich sage es ganz laut und deutlich: Die Spekulation mit Boden und Geld muss AUFHÖREN! Man muss, wenn auch langsam, aber sicher, die Voraussetzungen dafür ABSCHAFFEN, dass wenige Menschen enorme Vorteile haben, während einer Mehrheit abverlangt wird, dafür zu zahlen. Ich gebe nur ein Beispiel: Seit 1950 hat sich die mittlere Arbeitszeit, die nötig ist, um ein Stück Land als Eigentum zu erhalten, fast VERZEHNFACHT.

Das Grundgesetz der Bundesrepublik Deutschland erlaubt es absolut, die von mir vorgeschlagene Geld- und Bodenreform durchzuführen, denn es bezeichnet den Boden als „sozialpflichtiges Gut“. Ich berufe mich auch auf Artikel 15 Grundgesetz:
“Grund und Boden, Naturschätze und Produktionsmittel können zum Zwecke der Vergesell-

schaftung durch ein Gesetz, das Art und Ausmaß der Entschädigungen regelt, in Gemeindeeigentum oder in andere Formen der Gemeinwirtschaft übergeführt werden."
Mir ist klar, dass diese Lösung heute sicherlich auf erheblichen politischen Widerstand stoßen würde. Darum könnte man den Zugewinn aus dem Boden auch über eine entsprechende Steuer der Allgemeinheit zuführen. Ein großer Teil der heutigen Steuern würde entfallen. Ich verweise auf das Beispiel der Stadt Zürich. Die Stadt verkaufte im vergangenen Jahrhundert ihre Wallanlagen als Baugrundstücke an private Interessenten. Das war meiner Meinung nach ein Fehler, denn hätte sie die Bodenfläche behalten und in Erbpacht für Wohnzwecke vergeben, dann könnte sie heute von den Pachteinnahmen den gesamten Kommunalhaushalt bestreiten. Ich bin für jede Lösung, die Spekulation verhindert und den Mehrwert aus dem Boden der Allgemeinheit zuführt.
Nun noch einmal zur Steuerreform: Was ich nun vorschlage, würde zu einer Steigerung der Produktion und der Beschäftigung führen. Unsere Steuergesetze müssen wie folgt verändert werden:

Weg mit der Einkommenssteuer

Begründung: Die Einkommenssteuer ist eine ganz schlimme marxistische Sache. Karl Marx war ein Arbeiter - FEIND, denn die von ihm erfundene

Einkommenssteuer (5.Planke KAPITAL) ist unter anderem arbeiterfeindlich. Durch die Einkommenssteuer wird die menschliche Arbeit derart ver(s)teuert, dass es sich für den Unternehmer eher lohnt, auf menschliche Arbeit weitgehendst zu verzichten und sie durch gesteigerte Mechanisierung und Computerisierung zu ersetzen, wie es ja mehr und mehr stattfindet, wo die GROSS-KONZERNE trotz (bzw. wegen) Massenentlassungen Riesenprofite kassieren. Das alles ist von Übel und führt zu einer sinnlosen, an den tatsächlichen Bedürfnissen der Menschen vorbei gehenden Massenproduktion, wo einige wenige verdienen und der Rest am Hungertuch nagt und durch das soziale Netz aufgefangen werden muss. Aber solange die Herren noch auf ihren Jachten in Cannes schippern können, wen kümmert's da schon. UNS kümmert's und darum suchen wir nach Lösungen. Eine davon wäre, dass man die PRODUKTE besteuern muss, die ökologischen Kosten der HERSTELLUNG einbeziehen muss, was natürlich zunächst einmal höhere Produktpreise zur Folge hätte. ABER: Der Druck zu immer weiterer Automatisierung sänke, immer mehr Menschen fänden Arbeit.

Ein Beispiel: Wenn heute ein Arbeiter durch eine Maschine ersetzt wird, dann bezahlt die Gesellschaft (also wir) doppelt. Zum Ersten verliert sie die Einkommenssteuer (denn das Einkommen von Maschinen muss ja nicht versteuert werden...), und zum Zweiten müssen wir Arbeitslosengeld für den entlassenen Arbeiter zahlen. Der arbeitet dann schwarz, um der Besteuerung des Einkommens zu entgehen. Würde das Einkommen nicht besteuert werden, dann gäbe es auch keine Schwarzarbeit und die daraus resultierende Schattenwirtschaft.

Bei meinem System würde der jetzige Lebensstandard nicht sinken, denn den durch die Reform steigenden Produktionspreisen stünde ein steuerfreies Einkommen gegenüber. Dies würde ein sehr unterschiedliches, aber ökologisch sinnvolleres Konsumverhalten zur Folge haben. Die Reparatur des Alten (Auto, Fahrrad, etc.) würde dem Kauf des Neuen vorgezogen werden.

Die Zeit ist reif, die Stunde ist gekommen. Jeder Tag, den das alte System uns weiter versklavt, ist ein Schritt in die falsche Richtung.

Noch etwas: Der religiöse Fanatismus der radikalen Muslims z.B. ist hauptsächlich der ARMUT in den muslimischen Ländern zuzuschreiben. Die Leute haben ja nichts mehr zu verlieren und so sagen sie sich: „Jetzt geht's mir noch schlecht, aber wenn ich erstmal ein paar Nichtgläubige mit mir als Bombe in die Luft gejagt habe, dann komme ich in den Himmel. Da warten 70 Jungfrauen auf mich, Essen UND Trinken soviel ich will, ohne auf die Toilette gehen zu müssen, Frauen ohne Kot, Urin und Periode, goldene Straßen und ewiges Leben. Amen." (So habe ich es zumindest von mehreren Mullahs gehört).

Lieber Leser, soziale Ungerechtigkeit, aber auch Unwissenheit sind der Brutplatz für religiösen und auch sonstigen Fanatismus.

Was ist nun zu tun? Wo also beginnen? Gleich hier und jetzt. Der Leser möge dieses Buch anderen weiter empfehlen oder schenken. Schenken Sie es vor allem ihrem Abgeordneten oder werfen Sie es ihm einfach an den Kopf. Dann wird er es schon lesen.

DER HYPO-VEREINSBANK-SCHWINDEL

Haben sie schon einmal von einer deutschen Bank gehört, die Pleite machte? Ich nicht. Der Grund: Banken sind IMMER abgesichert bzw. VERSICHERT, egal, ob sie die Kredite, die sie vergeben, zurückbekommen oder nicht. Ein Beispiel: Sie wollen sich ein Haus kaufen. Wert: 250.000 Euro. Sicherheiten haben sie auch. Die Bank finanziert das Haus. Einige Jahre später: Sie haben 100.000 Euro abbezahlt. Plötzlich gehen sie Pleite, keine Sicherheiten mehr, sie können die Hausraten nicht mehr zahlen. Was nun? Was ist mit den restlichen 150.000 Euro plus Zinsen, die sie der Bank schulden? Alles verloren für die arme Bank? Von wegen: Die Bank ist VERSICHERT gegen solche Konkursverfahren. Die VERSICHERUNG zahlt der Bank die noch fehlende, von IHNEN nicht bezahlte Summe. Die

Bank bietet das Haus in Zwangsversteigerung zum Verkauf an. Der Erlös geht natürlich auch an die Bank, egal wie niedrig oder hoch er ist. So sieht das aus. Alles klar?

Die Hypo-Vereinsbank liefert im Jahre 2002 das aktuelle Beispiel:
„Leben Sie. Wir kümmern uns um die Details.“ Diesen Werbespruch der Hypo-Vereinsbank sah man täglich auf Plakaten oder im Fernsehen. Mal sehen, WIE sich diese Bank um die Details kümmerte, während der leichtgläubige Kunde ahnungslos vor sich hin „lebt“. Der Hypo-Vereinsbank - Schwindel funktionierte folgendermaßen:
Ein von der Hypo-Vereinsbank gesteuerter „Drücker“ verkauft eine von dieser Bank vollfinanzierte Wohnung für sagen wir 100.000 Euro, obwohl die Hypo-Bank genau weiß, dass die Immobilie nur halb soviel wert ist. Man gaukelt dem Anleger bzw. Käufer vor, dass sich die Wohnung samt Zinsen durch Mieteinnahmen und Steuervorteile selbst finanziert und dass man nur 150 Euro im Monat dazu bezahlen müsse.

Ein Opfer des Hypo-Vereinsbank - Betrugs berichtet: „Um Steuern zu sparen, riet mir ein Mitarbeiter der Hypo-Vereinsbank, eine Wohnung, die sich selbst finanziert nebst Darlehen zu kaufen. Nur 150 Euro im Monat sollte ich dazubezahlen. Weil ich dem guten Namen der Bank vertraute, sagte ich zu.“

Natürlich wurde nichts aus diesem Plan. Die Wohnungen wurden nicht vermietet (trotz Mietgarantiefirma) und die Kredite plus Zinsen mussten dennoch an die Bank gezahlt werden. Opfer berichten: „Ich zahlte lange Zeit 750 Euro statt der zugesicherten 150 für die Instandhaltung der Wohnung und die Zinsen des Darlehens. Die Mietgarantiefirma hat nur unregelmäßig gezahlt, wenn ich keine Mieter hatte."
Die Bank macht einen weiteren Reibach durch die Wohnungen selbst, welche ja als Eigentum an die Bank zurückfallen, wenn der Käufer den Kredit nicht mehr bezahlen kann. Die Einzigen, die hier verdienen, sind die Hypo-Vereinsbank und die „Drücker".
Die Opfer, ZEHNTAUSENDE AN DER ZAHL, wollen aus dem Darlehensvertrag aussteigen, doch die Hypo-Vereinsbank droht mit Pfändung. Rechtsanwalt Reiner Fuellmich, der 4500 Opfer der Hypo-Vereinsbank vertritt, sieht hinter dem Ganzen ein von der Hypo-Vereinsbank organisiertes Betrugssystem: „Die vollfinanzierten Immobilien, die nur die Hälfte wert waren, gab es immer im Paket mit dem Darlehen. So wurde den Kunden Sicherheit vorgegaukelt. Die Bank wollte nur ihre Darlehen loswerden, die Immobilien dienten als Trojanisches Pferd. Die Banken haben die Wohnungen bis zu 180% über den Wert finanziert, um möglichst hohe Darlehen vergeben zu können. Dies beweisen bankinterne Unterlagen, die mir vorlagen." So sagt der Rechtsanwalt

der von der Hypo-Bank Betrogenen und fügt hinzu: „Unser Ziel ist es, dass das Gericht in diesem Musterverfahren die Verträge wegen Verstoßes gegen das Verbraucherkreditgesetz für nichtig erklärt und die Opfer ihr Geld zurückbekommen.“ Dazu kann ich nur sagen: „Viel Glück.“

DER ENTWICKLUNGSHILFE-SCHWINDEL

Das Thema Entwicklungshilfeschwindel ist mir zu wichtig als das ich es hier nur streife, wie zunächst geplant. Darum muss ich hier noch mehr ins Detail gehen, um dem Leser die ganze UNGEHEUERLICHKEIT des Entwicklungshilfeschwindels zu Bewusstsein zu bringen.
Auch Brasilien ist ja, wenn man so will, ein Entwicklungsland. Man leiht Brasilien Geld, damit es sich entwickelt. Die Brasilianer haben zwischen 1970 und 1986 über 153 Mrd. Dollar für ihren Schuldendienst aufbringen müssen. Davon dienen aber nur knapp 64 Mrd. Dollar der Rückzahlung des geborgten Kapitals. Die verbleibenden 89 Mrd. Dollar gingen für Zinsen drauf. Dies führte zu einem Schuldenanstieg auf 108 Mrd. Dollar mit jährlich wachsender Zinslast auf 9 Mrd. Dollar. Der Entwicklungshilfeschwindel in Brasilien sieht so aus, dass die Gläubiger in fünf Jahren das Doppelte von dem kassieren würden, was sie den Brasilianern in den vergangenen 17 Jahren geliehen haben. Gleichzeitig schreitet die

Ausrottung der Pflanzen- und Tierarten des tropischen Regenwaldes Brasiliens zügig voran. Jede Woche wird ein Waldgebiet von der Größe von 121.000 Fußballfeldern gerodet, und jedes Jahr brennt man ein Gebiet von der Größe Bayerns nieder. All dies hat nicht unbedingt nur mit größenwahnsinnigen Militärs zu tun oder mit der Gier von Großagrariern, es sind vielmehr DIE AUSLANDSSCHULDEN, die Brasilien zwingen dies zu tun. Es müssen ja 120 Mrd. Dollar zurückgezahlt werden. Wenn man so will, lastet auf jedem Amazonas-Baum eine Hypothek von einem Dollar. Soja, Eisenerz und Edelholz sind die Exporte, mit denen die Zinsen bezahlt werden. Die Arbeitsteilung geschieht folgendermaßen: Die armen hungernden Menschen, die an der Arbeit verdienen wollen oder sollten, werden im Süden durch die Mähdrescher vertrieben, im Nordosten durch die Pistoleros der Großgrundbesitzer. Die Vorhut der Waldmarodeure bilden die Bodenspekulanten und Goldgräber, gefolgt von Minengesellschaften und Agrarindustrie. Und ganz am Schluss kommen die Armen.

Bettina Krems-Hemesath schreibt in *Die Schulden vergeben:*
„Mit den für die zeitweise Überlassung von Geld geschuldeten Zinsen fließt Liquidität, die in den Entwicklungsländern für die Abwicklung buchstäblich lebensnotwendiger Transaktionen dringend erforderlich wäre, in Anlegerkassen hinein,

deren Inhaber keinen gegenwärtigen Transaktionsbedarf mehr haben. Das Geld wird in diesem System genau dort abgezogen, wo es existentiellen Nutzen stiftet, und es strömt in Kassen, wo der Anleger nicht einmal mehr einen Nutzen für Transaktionen verbucht, sondern, genau besehen, einen funktionswidrigen Nutzen durch Verzicht auf eigene Transaktionen". Ende Zitat.
Wie wahr. Doch weiter: Die Überschuldung der Entwicklungs- und Schwellenländer wird immer wieder gewollt aus den Schlagzeilen gehalten, obwohl oder WEIL sie das größte Problem der Zukunft sein wird. Lieber Leser, wir leben in einem Schuldenzeitalter. Susan George hat völlig Recht, wenn sie ein Buch mit dem Titel *„Sie sterben an unserem Geld"* geschrieben hat. Es wird den Schuldenländern unter den gegebenen Umständen niemals gelingen, sich aus eigener Kraft aus dem Schuldensumpf zu befreien. Ich werde nun den Versuch unternehmen, etwas detaillierter die wahren Gründe der globalen Verschuldung aufzudecken. Das Verhältnis zwischen den Industrieländern und den Ländern der Dritten Welt wird seit Jahrzehnten durch den Begriff „Entwicklungshilfe" bestimmt. Es sind bis heute vierstellige Milliardenbeträge vor allem in die Länder der Südhalbkugel geflossen. Und doch hat sich die Lage in den Entwicklungsländern verschlechtert, anstatt sich zu verbessern. Einige Experten argumentieren nun, dass dem so ist, weil die Hilfe unzureichend war. Ich aber sage, dass auch bei einer

dreimal so großen Hilfe das Ergebnis das gleiche wäre und die Kluft zwischen Arm und Reich ebenso groß. Solidaritätserklärungen sind auch für die Katz, weil das so ist, als würde ich mich mit einem AIDS-Kranken solidarisch erklären und damit hoffen, dass er wieder gesund wird. Der Entwicklungshilfeschwindel läuft hauptsächlich darauf hinaus, den Armen, Elenden, Hungernden und Notleidenden dieser Erde einen Teil von dem zurückzugeben, was ihnen vorher vom industrialisierten Norden genommen wurde. Man nennt das wohl sozial. Die Kaufkraft der Industrienationen hat sich auf diese Weise verdreifacht, während sie in der Dritten Welt hauptsächlich abnimmt. Dies führt dazu, dass die Entwicklungsländer eine erheblich höhere Gegenleistung für die westlichen Industrieländer erbringen.

Man kann es drehen und wenden wie man will, das eigentliche Übel sind DIE ZINSZAHLUNGEN für die Schulden. Die Zinsen sowie das gegenwärtige Währungssystem und die ungerechte Lohn-Preisverteilung sind die Ursache für all das Elend in der Welt. Das Problem wird noch größer durch die von den Banken manipulierten Hochzinsphasen. Die Entwicklungsländer schulden den Industrienationen etwa 2000 Milliarden Dollar, mit über 100 Mrd. Dollar Zinsen jährlich, und da habe ich noch nicht einmal die Risiko- und Umschuldungsaufschläge hinzugezählt. Dies bedeutet, dass die Entwicklungsländer – Ostblock dazugezählt – fast 400 Millionen Dollar Zinsen TÄG-

LICH aufbringen müssen. Die rückzahlungs-FREIEN Hilfeleistungen der reichen Länder an die Dritte Welt liegen jedoch allenfalls bei einem Drittel dieser Summe. Die ARMEN Länder sind es also eigentlich, die den reichen Ländern eine dreimal höhere „Entwicklungshilfe“ zahlen. DAS ist der Entwicklungshilfeschwindel. Oder in Zahlen: Gespendet werden den armen Ländern etwa 4 Millionen Dollar täglich, aber ZAHLEN müssen die armen Länder an die reichen etwa HUNDERT MAL MEHR an ZINSEN. Die SPENDEN reichen also gerade mal dazu aus, die ZINSEN für etwa 3 1/2 Tage zu bezahlen. In anderer Relation sind es (wie bereits beschrieben) Wochen. Dann befindet sich das arme Land genau wieder da (UND SCHLIMMER), wo es zuvor war. DIES ist der wahre Entwicklungshilfeschwindel, DIES ist der Grund, warum die Menschen in der Dritten Welt trotz dauernder Spendensammlungen immer ärmer werden (und die Reichen immer reicher).

Es ist also die Höhe des Zinstransfers aus den Entwicklungsländern in die Industrieländer, welche verantwortlich ist für die Misere der Dritten Welt. Die politischen Führer der Entwicklungsländer hoffen mit kreditfinanzierten Investitionen auf größeren Wohlstand. Doch die Hochzinsphasen der letzten Jahrzehnte verhinderten dies GEWOLLT. Wer nur den gestiegenen Erdölpreisen die Schuld geben will, der liegt falsch, denn diese trieben die Schulden um 10-20% hoch, während die verdoppelten Zinssätze der Hochzinsphase die Zinslasten um rund 100% ansteigen ließen. Der Plan der Entwicklungsländer, mit Hilfe von Krediten die Wirtschaft zu beleben, ist also gescheitert. Die armen Länder waren niemals in der Lage, die Preise ihrer Güter auf das Niveau der Importpreise aus den Industrienationen anzuheben, trotz aller Kartellabsprachen. Fakt ist: Mit billigen Krediten im Rahmen der Kapitalhilfe sorgen die Reichen dafür, dass sie reicher und die Armen ärmer werden. Natürlich sind die Entwicklungsländer Abnehmer für Produkte eines (bei uns) mehr und mehr gesättigten Marktes, doch die Rechnung geht so nicht auf, weil man hofft, dass das verliehene Geld benutzt wird, unsere Exporte zu bezahlen. Geht aber nicht, weil die Entwicklungsländer sich das auf Dauer gar nicht leisten können, denn sie müssen ja die KREDITE zurückzahlen PLUS ZINSEN. Das ist so, als wenn ich einem armen Mann 1000 Euro leihe mit 10% Zinsen und dann verlange, dass er sich was dafür kaufen soll. Mein Geld will ich aber plus Zinsen gleichzeitig zurückhaben. Der Leser mag nun argumentieren, dass der Mann sich ja mit dem Geld eine Existenz gründen soll. Dies wiederum ist nicht so einfach, wenn man weiß, dass die reichen Länder gar nicht wollen, dass die armen Länder von selbst auf die Beine kommen. Die reichen Länder wollen via Kreditvergabe die armen Länder BESITZEN.

Darum können wir auch in einer DGB-Info ganz richtig lesen: „Sicher bleiben unsere Arbeitsplätze nur, wenn weitere Aufträge kommen. Und aus armen Entwicklungsländern kommen die nur, wenn dort genug Geld vorhanden ist.“ Ist es aber nicht, aus den eben genannten Gründen. Entwicklungshilfe ist der berühmte Tropfen auf dem heißen Stein. Es ist einfach keine ausreichende Kaufkraft bei potentiellen Kunden der Entwicklungsländer vorhanden, denn die erwirtschafteten Gewinne fließen über Zins- und Renditenströme AUSSERHALB des Landes in die Taschen der Reichen bzw. in die Taschen derer, die den Kredit gewährt haben. Dies führt dann auch nahezu folgerichtig zu einer Kapitalflucht aus den Entwicklungs- und Schwellenländern und damit zu einer größeren Verschuldung eben dieser Länder. Angst und Gier geben sich hier die Hand. Die Auslandsverschuldung der Dritten Welt ist jedoch nur die Spitze des Eisbergs. Wir sitzen in der Titanic und der Zusammenstoss ist nicht mehr zu verhindern, es sei denn durch ein Wunder, das Wunder des zinsfreien Geldes. Warum ich das sage? WIR, also die Bundesrepublik, aber auch die USA, sind insgesamt ZEHN MAL SO HOCH verschuldet (Inlandverschuldung) wie alle Entwicklungs- und Schwellenländer zusammen. Die Bundesrepublik allein ist höher verschuldet als alle lateinamerikanischen Staaten zusammen. Der Deutsche ist mit über 50.000 Euro pro Kopf verschuldet und der Amerikaner mit ca. 150.000 Dollar pro Kopf.

Diese Verschuldung wird in ALLEN Ländern der Erde steigen, und ALLE werden es auf „Corona“ schieben, darum FREUEN sich alle Regierungen der Welt über dieses angebliche Virus, weil es ablenkt von den kriminellen Aktivitäten der Herrschenden. Es gab eine Eiszeit, eine Steinzeit, und nun leben wir in einer SCHULDENZEIT. Spätere Generationen werden uns wohl dahingehend einstufen und beschreiben. Die Verschuldung ist also nicht nur ein Problem der Entwicklungsländer, sondern der ganzen Welt.

Ich rede im Falle von Deutschland und den USA nun von INLANDSCHULDEN. Deren Zinsen bleiben im eigenen Lande und müssen mit der eigenen Währung bezahlt werden. Überschuldung führt zu Wachstumszwang, den ich als marktwirtschaftlichen Tumor bezeichne. So wie bereits fast unsere gesamte Nahrung verseucht ist und Krebs verursacht, so ist dies auch bei unserem gegenwärtigen Wirtschaftssystem der Fall. Man kann dies als Geldtumor bezeichnen. Ich rede hier auch von der ungesunden Zunahme des Geldvermögens, welche verursacht wird durch den Zins des gesparten Geldes. Dadurch vermehren sich die Bankeinlagen extrem. Daran ändert auch die angebliche Null Zins Politik nichts. Zusätzliche Kreditaufnahmen bringen da nur vorübergehende Erleichterungen. DARUM wachsen die Multis und Konzerne so extrem. Auf diese Weise treibt man die Konkurrenten durch Dumpingpreise in den Ruin und kauft dann, wenn sie am Boden sind, das Imperium auf. Unter normalen Wettbewerbsbedingungen wäre dies niemals möglich. Es gibt aber noch eine viel schlimmere Art von Zins, die ich noch gar nicht erwähnt habe, und das ist DER BODENZINS bzw. der Zins für die Bodennutzung.

Dies ist ein vor allem in den Entwicklungsländern praktizierter Schwindel. Die Bodenpächter müssen für diesen Bodenzins oft die Hälfte der gesamten Ernte hergeben. In Brasilien ist das so, das sich 58% des Ackerlandes im Besitz von nur 2% aller landwirtschaftlichen Betriebe befindet. 83% dieser Betriebe teilen sich in die Bewirtschaftung von nur 14% der Anbaufläche. Die 400 reichsten Grundbesitzer Brasiliens verfügen über eine Fläche von nahezu der Größe Großbritanniens. Das nennt man Ausbeutung im großen Stil.

Der Leser bedenke: Wenn wie durch ein Wunder alle Schulden zurückbezahlt werden könnten, dann würde dies die Banken in arge Verlegenheit bringen, denn sie müssten für die zurückgezahlten Mittel neue potente Kreditnehmer finden, das Kapitalangebot in den Industrieländern würde steigen und einen starken Druck auf das Zinsniveau ausüben. Lieber Leser, die Banken sind an einer Rückzahlung der Schulden gar nicht interessiert, weil sonst das ganze Schwindelgebäude früher als vorgesehen zusammenbrechen würde. DARUM sind die Banken gerne bereit, die Kredite der Drittländer immer wieder zu verlängern, Hauptsache, die ZINSEN können bezahlt bzw. kassiert werden. Dadurch bleibt die Hauptschuld bestehen und der Banker lacht sich ins Fäustchen. Da gibt man fröhlich zusätzliche Anschlusskredite, die Altschulden können damit verzinst werden und müssen so vom Kreditgeber nicht als Verluste abgeschrieben werden. Die Bank selbst ist niemals der Verlierer, sie fängt etwaige Verluste auf, entweder durch Zinsmarge, Strafzins oder wie in diesem Buch erklärt durch Versicherung. Doch will ich keinesfalls Zynismus aufkommen lassen, sondern vielmehr auf die LÖSUNG des Problems hinweisen, welche das in diesem Buch beschriebene vom Zins befreite, um den Globus kreisende Geld ist.

DER GEHALTSERHÖHUNGSSCHWINDEL

Man wirft den Indern vor, dass sie eine Kastengesellschaft sind. Das sind die Deutschen auch, zumindest was die kastenschaffende Gehaltserhöhung in Deutschland anbelangt. Was ich meine, ist folgendes: Mit Hilfe der jährlichen Lohn- und Gehaltserhöhungen macht man die Reichen reicher und die Armen ärmer. Nehmen wir einmal an, dass die Löhne und Gehälter in 30 Jahren um 100% gestiegen sind.

Beispiel: Arbeitnehmer A verdiente 1000 Euro und Arbeitnehmer B verdiente 2000 Euro. Bei 100% Gehaltserhöhung in 30 Jahren würde dies bedeuten, dass Arbeitnehmer A 2000 Euro verdient und Arbeitnehmer B 4000 Euro. Nun beträgt der Gehaltsunterschied zwischen beiden schon 2000 Euro. Zuvor waren es nur 1000 Euro. Es fand hier also eine prozentuale Erhöhung der Verdienste statt, wodurch die Differenzierung zwischen den Gehältern der Arbeitnehmer A und B um 1000 Euro gewachsen ist, doch die individuelle Leistung der Arbeitnehmer hat sich dadurch nicht verändert. Ich sage darum, dass die prozentuale Erhöhung der Löhne und Gehälter ein antisoziales Mittel zur Erzeugung von sozialen Spannungen ist. GERECHT wäre eine solche Gehaltserhöhung, wenn der Abstand durch LINEARE Anhebung der Löhne und Gehälter immer gleich bleiben würde, also z. B. 1000 Euro.

Es handelt sich hier in unserer menschenfeindlichen Gesellschaftsordnung um ein ASOZIALES Prinzip der prozentualen Erhöhung von Löhnen und Gehältern. Das gleiche betrügerische und Armut schaffende System wird ja auch bei den Rentenerhöhungen angewandt. Da richtet es noch viel mehr Schaden an, weil die Grundrente von Rentnern und Rentnerinnen durch individuelle Leistungen nicht mehr verbessert werden kann. Beispiel: Bei einer hundertprozentigen Erhöhung einer Grundrente von 300 Euro werden diese zu 600 Euro, während 1000 Euro Rente auf diese Weise zu 2000 Euro werden. Das treibt unsere Rentner unweigerlich mehr und mehr in die

Altersarmut, und niemand hat bis heute dagegen protestiert. Während die Führer der Gewerkschaften eine halbe Million Euro pro Jahr und mehr verdienen, werden jene, die sie bezahlen, gnadenlos der Armutsgrenze zugetrieben. Diese Handlanger der wahren Herrscher kümmert das allerdings wenig. Wir haben also, wie gesagt, keinen Grund, hochmütig auf das indische Kastensystem herabzublicken, unseres ist nicht viel besser. Die stetig wachsende und so geplante Kluft zwischen Arm und Reich in Europa würde so in die Katastrophe des Dritten Weltkrieges münden, was es unbedingt zu verhindern gilt, denn das Schlachtfeld wäre Europa.
Die prozentuale Erhöhung von Löhnen und Renten ist damit die antisozialste Form der Schaffung von arbeitslosem (unproduktivem) Einkommen. Das Gleiche trifft für unser Steuersystem zu. Großverdiener sparen gegenüber Kleinverdienern das Doppelte bis Dreifache an Steuern. Deutscher Michel, schlaf weiter.

DER SUBVENTIONSSCHWINDEL

Wenn der brave Michel wissen möchte, was sonst noch so alles mit seinen Steuergeldern getrieben bzw. hintertrieben wird, dann möge er nur den Subventionsbericht der Bundesregierung für das Jahr 1995 anfordern. Dort werden Subventionen in Höhe von 116 Milliarden Mark ausgewiesen, dagegen steht eine volkswirtschaftliche Gesamtrechnung von nur 75 Milliarden DM. Fehlt da nicht etwas? Es existiert ein Mangel an Daten bzw. zu hohe Infokosten, alle Subventionen in der BRD betreffend. Lieber Leser, da werden gewaltige Finanzmassen bewegt. Allein im Jahr 1995 summieren sich auf diese Weise die Subventionen auf 298 Mrd. DM. Man kann nur raten, wie hoch dieser Subventions Schwindelberg bis heute (2020) gewachsen ist. Wer zahlt da was an wen? Das wurde und wird nie ganz aufgelistet. Von den durch Subventionsschwindel entstehenden Verwaltungskosten will ich gar nicht erst reden. Wer pikante Details über Subventionsschwindel erfahren will, der sollte die EU-Kommissarin Loyola Palacio fragen. Sie kennt sich aus bei solchen Schwindeleien. Siehe

www.Spiegel.de/politik/europa/0,1518,111281,00.html

Natürlich sind nicht alle Politiker korrupt und bestechlich. Einige wenige – in diesem Falle amerikanische – Politiker hinterfragen das ihnen aufgezwungene Bundesbank- bzw. „Federal Reserve“-Schwindelsystem, wie mit den folgenden Zitaten aus meinem englischen Buch *The Man W.H.O. created AIDS* demonstriert wird:

„Aussagen über das Bundes- bzw. Federal Reserve System in *Die große Verschwörung des Hauses Morgan* von H. W. Loucks.

Curtis B. Dall, Schwiegersohn des Präsidenten Roosevelt, beschuldigt die amerikanische Bundesbank, den Börsencrash von 1929 verursacht zu haben: „Das Bundesbanksystem hat den Leuten die ihnen von der Verfassung zugesicherte Autorität entrissen, durch ihre Stellvertreter (die Regierung) das Geld drucken zu lassen und es niemand anderem zu schulden als sich selbst. Über Nacht hatte die Bundesbank die ‚call rate' (Verkaufszwang innerhalb von 24 Stunden) um 20% erhöht. Da die Aktionäre ihre Papiere in so kurzer Zeit und zu einer derart gesteigerten Rate nicht abstoßen konnten, blieb vielen von ihnen nur der Sprung aus dem Fenster."

Gouverneur Adolph C. Miller vor dem Untersuchungsausschuss der amerikanischen Bundesbank: „Wenn wir die Bundesbank loswerden könnten, wären wir viel besser dran."

Henry Ford: „Das Hauptziel der Bundesbank ist die Weltkontrolle durch die Schaffung unbezahlbarer Schulden."

Der Abgeordnete **Louis T. McFadden** vor dem Repräsentantenhaus: „Manche Menschen denken, die Bundesbank sei eine staatliche Institution. Sie ist es nicht. Die Bundesbank **in Amerika und Europa** ist ein privates Kreditmonopol, das die Bürger betrügt, zum Vorteil der Bundesbank und ihrer ausländischen Kunden."

Senator Robert L. Owen: „Die Menschen wissen nicht, dass die Bundesbank **(in Amerika und Europa**) zu Profitzwecken gegründet wurde. Dieses Ziel ist nun erreicht."

Benjamin Anderson, **Chase National Bank New York**: „Das Geld, das die amerikanische und europäische Bundesbank druckt, ist somit von ihnen geschaffen... Wenn sie dann Regierungspapiere kaufen (mit Geld, für das sie nicht gearbeitet haben. Lanoo), dann schaffen sie Reserven. Sie bezahlen für diese Regierungssicherheiten mit Schecks, die sie auf sich selber ausstellen. Diese Schecks werden dann von den Banken eingelöst und in der Bundesbank deponiert. Plötzlich existiert Geld, das vorher nicht da war."

Eustice Mullins in *Das Geheimnis der Bundesbank:* „Statt Geld zu schaffen durch die Produktionsarbeit der Menschen, durch den jährlichen Zuwachs an Waren und Dienstleistungen, wird es von den Bankern aus den Schulden der Menschen heraus geschaffen."

Der Abgeordnete Patman: „Die Bundesbank erschafft Geld aus dem Nichts (womit er, wie bereits erwähnt, nicht ganz recht hat), um Regierungspapiere vom Schatzamt zu kaufen. Die Bundesbank gibt dem Schatzamt z.B. einen Kredit über eine Milliarde Dollar und hat aus dem Nichts eine Milliardenschuld gemacht, welche das amerikanische Volk mit Zinsen zurückzahlen muss." (Quelle: Money Facts, House Banking and Currency Committee, 1964, S. 9)

Und Patman fährt fort: „Woher bekommt die Bundesbank das Geld, mit dem sie Rücklagen bildet? Antwort: **Sie bekommt das Geld nicht, sie erschafft es (aus dem Nichts, möchte ich hinzufügen)".**

Und der Abgeordnete benutzt ein einfaches Beispiel, um zu zeigen, wie die Bundesbanken Geld „schaffen". Sie tun es zum Beispiel immer dann, wenn der Leser sein schwer verdientes Geld auf ihre Bank bringt. Dieser Betrug wird „Fractional Banking" genannt und stammt von Rothschild: Wenn ich $ 100 auf meiner Bank einzahle und der Bedarf an Rücklagen, die von der Bundesbank erhoben werden, 20% beträgt, kann die Bank Otto Normalverbraucher ein Darlehen bis zu $ 80 gewähren. Woher kommen die $ 80? Sie kommen nicht von meiner Einzahlung von $ 100, im Gegenteil, die Bank belastet einfach das Konto von Otto Normalverbraucher mit $ 80. Die Bank kann auf die gleiche Art und Weise Regierungspapiere erwerben, indem sie einfach das Konto der Regierung belastet (was mit $ 100 funktioniert, funktioniert auch mit $100.000.000 und mehr). Geld schaffen ist eine Angelegenheit der Geschäftsbanken... Seit 1917 hat die Bundesbank den Geschäftsbanken $ 46 Milliarden an Rücklagen gegeben.

Der Abgeordnete Jerry Voorhins fragt (entgeistert) den Finanzminister Anderson: „Sie meinen, Herr Finanzminister, dass die Bundesbank, wenn sie Staatspapiere kauft, nicht das Geld ihrer Kunden investiert?"

Finanzminister Anderson: „Genauso ist es. Die Bundesbanken unterscheiden sich von anderen Geld- und Verleihinstituten wie folgt (und nun kommt's...): **Wenn eine Sparvereinigung, eine Versicherungsgesellschaft oder eine Staats- oder Privatbank vom alten Stil Geld verleiht, dann verleiht sie den letzten Dollar, den ihre Kunden vorher eingezahlt haben. Aber wenn eine Bundesbank einen Kredit vergibt, dann addiert sie die Summe einfach zu dem Konto des Kunden und verbucht es als Gewinn der Bank und als Schuld des Kunden. Das Geld wird von nirgendwo hergenommen. Es ist neues Geld, geschaffen von der Bundesbank für den Gebrauch des Schuldners."**

Henry Hazlitt, News Weeks Magazine: „Die Bundesbanknoten haben absolut keinerlei Deckung, welcher Art auch immer".

Senator Henry Cabot Lodge Sr.: „Die Mächte hinter der Bundesbank scheinen mir in höchstem Maße gefährlich."

Martin V. Mahoney, Richter, Credit River Township, Scott County Minesota, erklärte

per Urteil vom 7. Dezember 1968 alle Bundesbanknoten zu FALSCHGELD mit der Begründung: „Gott allein kann etwas von Wert aus dem Nichts erschaffen.“ Die Bundesbank erhob Einspruch, aber Richter Mahoney akzeptierte die $ 2 Note nicht, denn sie war und ist natürlich gefälschtes Geld. Monate später wurde der Richter tot aufgefunden. Offizielle Todesursache: Herzinfarkt. Die örtliche Zeitung war die einzige, die den Mut aufbrachte zu schreiben: „Der Richter war kerngesund. Hat sein Tod mit dem von ihm gesprochenen Urteil vom 7. Dezember gegen die Bundesbank zu tun?“

Jerome Daly, Rechtsanwalt, verteidigte drei Männer, die man des Druckens von Falschgeld beschuldigte. Seine Verteidigung bezog sich auf Richter Mahoneys Urteil: „Wie kann man Geld fälschen, das bereits gefälscht worden ist?“ Daly gewann den Fall und verlor bald danach seine Anwaltslizenz.

Des Griffin (*Das Vierte Reich der Reichen* und *Descent into Slavery schreibt:* „Hätte man in Amerika schulden- und zinsfreie Währung benutzt, so wie Präsident John F. Kennedy es plante (aber nicht ausführen konnte...) und wie Präsident Abraham Lincoln es tatsächlich praktizierte (siehe *DAS BUCH DES LICHTS*, Lanoo), dann hätten wir jetzt keine Staatsverschuldung, sondern Billionen von Dollars Gewinn.“

Gesetzesanträge, das Bundesbanksystem weltweit aufzulösen und wieder die jeweiligen Staaten zum Gelddruck zu autorisieren, wie die Verfassung es sowieso vorschreibt, wurden eingereicht von folgenden Abgeordneten: Louis T. McFadden, Goldborough (HR 92116), Voorhis (HR 2809 und HR 373), John Rarick (HR 17140 und HR 351) und anderen, aber leider ohne Erfolg.

Des Griffin noch einmal: „Das Bundesbankgesetz von 1913 muss eindeutig aufgehoben werden – und die Nationalverschuldung, die durch Betrug aufgebaut wurde, darf nicht länger anerkannt werden."

McFadden über die Verwicklung der Bundesbank in die Weltwirtschaftskrise: „Es war kein Unglück. Es war eine sorgfältig eingefädelte Begebenheit... Die internationalen Banker wollten hier eine Atmosphäre der Zerknirschung und Hoffnungslosigkeit aufbauen, um uns dann alle beherrschen zu können."

Henry Cabot Lodge Sr.: „Das Bundesbanksystem wird den Goldstandard mit einer nicht wieder rückgängig zu machenden Flut von Papiergeld überschwemmen." Und wie recht er hatte. Heute haben wir eine Staatsverschuldung von Billionen, und das Land selbst dient der Bundesbank als Sicherheit. Es gibt keinerlei Deckung mehr, alles ist aufgebraucht. Dieses Land ist im Besitz der Banken. Es gibt für „sie" nur eine Möglichkeit, das Geld wieder zu bekommen, und diese Möglichkeit heißt Krieg. Alles, was die Bundesbank tut, ist ausgerichtet auf einen 3. Weltkrieg."

Charles A. Lindbergh Sr.: „Die Bundesbank, die unsichtbare Regierung, wird Inflationen schaffen, wann immer **sie** es will."

Präsident Wilson auf seinem Totenbett: „Ich habe das amerikanische Volk verraten, als ich das Bundesbankgesetz unterschrieb."

Sechs Präsidenten der Vereinigten Staaten haben sich dem Bundesbanksystem widersetzt. Auf alle sechs wurde geschossen, nur zwei von ihnen überlebten. Die Namen der sechs werden im *BUCH DES LICHTS* enthüllt. Einer von ihnen war **John Fitzgerald Kennedy.**

Juni 1963: John F. Kennedy ordnet unter Exekutivanordnung Nr. 11.011 den Druck von $ 400 Milliarden an, und zwar als Staatsgeld anstelle von Bundesbanknoten. Sein Vater Joe (wie bezeugt von Bediensteten der Residenz in Florida) warnt ihn: „Wenn du das machst, werden sie dich umbringen!"

Drei Wochen später war Kennedy tot. Das erste, was L.B. Johnson machte, war nicht, wie viele denken, den Befehl von Kennedy, Truppen aus Vietnam abzuziehen, außer Kraft zu setzten, nein, das erste, was er machte, war, Exekutivanordnung Nr. 11.011 aufzuheben. Es existiert sogar das Gerücht, dass die 400 Milliarden Dollar bereits gedruckt worden waren und auf Anordnung Johnsons vernichtet wurden.

Amschel Rothschild: „Gebt mir die Kontrolle über das Geld und es ist egal, wer regiert!"

Es scheint jedoch, als ob das amerikanische Volk langsam erwacht, wie die folgende Information, die mir Des Griffin faxte, zeigt:

29. September 1993: **Midnight Messenger, Ausgabe Nr. 52**
Von Des Griffin, Washington, D.C.

„Leute aus ganz Amerika versammelten sich auf dem Capitol-Hügel in Washington D.C., um ihre „Vertreter" (sprich Abgeordneten) dazu aufzufordern, folgenden Gesetzesentwurf durchzusetzen: Sie verlangten, dass die Bundesbank (die per Definition gar keine ist) außer Kraft gesetzt und (deren Bosse) vor Gericht gestellt wird, weil sie a) verfassungswidrig und b) marxistisch ist, indem sie die ebenfalls illegal eingeführte marxistisch-leninistische (5. marxistische Planke) Einkommenssteuer erlaubt. Inmitten der vielen Demonstranten befand sich ein LKW, gefüllt mit über zwei Millionen Anträgen, die Bundesbank samt Bundesbankern „in die Wüste zu schicken" (oder wie ich, Lanoo, vorschlage, auf den Mond zu

schießen, wo sie sich dann gegenseitig besteuern, belügen und betrügen können, soviel sie nur wollen)."
(Quelle: Christian Anders): *The Man W.H.O. created AIDS*; Verlag Elke Straube, ISBN: 3-8311-0622-3; Seite 465-471).

GLEICHMACHERWÄHRUNG EURO

Keiner will ihn und doch ist er da. Das zeigt wieder einmal, wie viel der Deutsche wirklich zu sagen hat, wenn es um Themen geht, die für einige wenige Bankerfamilien von Vorteil und für den Bürger von Nachteil sind. Sie machen, was sie wollen, mit oder ohne uns, den Bürger. Der Euro ist so unnötig wie die neue deutsche Rechtschreibung. Aber nun ist er mal da. Man kann sogar den Euro als Währung retten, ja, es ist an sich völlig unwichtig, wie wir unsere Währung nennen, wichtig ist nur eines, und das fordere ich hier nochmals:

Ich fordere:
1. Die Errichtung einer staatlichen Notenbank mit Namen STAATSBANK (SB).

2. Die SB unterliegt der Aufsicht des Europäischen Parlamentes und des Europäischen Rechnungshofes.

3. Die Aufgaben der SB sind wie folgt:

a. Die SB gibt Bargeld schulden- und zinsfrei entweder an die Regierung der Mitgliedstaaten der Europäischen Union aus oder das Geld wird als Kopfgeld gleichmäßig auf die Bevölkerung der Mitgliedstaaten verteilt und wird als Kreditgeld verfügbar.

b. Die Regulierung der Geldmenge findet folgendermaßen statt: Der Preisstand wird durch die SB auf Dauer festgehalten, indem man die umlaufende Geldmenge vermehrt oder vermindert, je nachdem, ob die vom Europäischen Amt für Statistik ermittelten Preisindizes Neigung zum Sinken oder zum Steigen aufweisen.

c. Der Umlauf des Geldes wird folgendermaßen gesichert: Durch Geldstückelung (z.B. 500 Euro-Scheine) oder Umtausch gegen neue Banknoten sichert die SB den stetigen Umlauf des Geldes, ruft zum Umtausch gegen neue Banknoten auf und erhebt Geldumtausch- d.h., Geldhortungsgebühren.

d. Spargelder werden gebührenfrei von der SB angenommen und auf Wunsch wieder gebührenfrei ausbezahlt. Spareinlagen sind keine Geldhortung. Zinsen werden jedoch auch nicht gewährt.

e. Die Kreditvergabe geschieht folgendermaßen: Zinsfreie Kredite werden durch die SB aus Spargeldern und Bargeldschöpfungen vergeben, kostendeckende Verwaltungsgebühren werden erhoben.

f. Für die Geldüberweisung erhebt die SB kostendeckende Verwaltungsgebühren

g. Innerhalb angemessener Zeitabschnitte setzt die SB Wechselkurse des Euro gegenüber anderen Währungen unter Beachtung der Produktivitätsentwicklungen im Einvernehmen mit den zuständigen Notenbanken fest.

h. Die bisherigen privaten Geschäftsbanken in den Mitgliedstaaten der Europäischen Union werden umfunktioniert zu Filialen der EZB und sind somit in die staatliche Geldverwaltung integriert.

Die neuerliche, aber von mir schon lang vorausgesehene katastrophale politische und wirtschaftliche Entwicklung in Deutschland sowie der augenblickliche Sündenbock der Welt, die „Corona oder Covid 19 Krise“ und die auf über 10 Millionen gestiegenen Arbeitslosenzahlen machen es notwendig, dieses wichtige Thema zu ergänzen:

DIE WACHSTUMSLÜGE

Wie der Wolf im Schafspelz kommt Unwissenheit oft in der Verkleidung scheinbar weiser Worte von angeblichen Experten. Nachdem Herr Stoiber (CDU) ganz richtig bemerkte, dass die katastrophale Lage auf dem deutschen Arbeitsmarkt hausgemacht ist, schlägt er als Lösung vor, das WACHSTUM in Deutschland anzukurbeln. Das ist so töricht, als würde ich einem ausgewachsenen Menschen sagen, er müsse essen, um mehr zu wachsen. Oder, um ein anderes Beispiel zu wählen: Ein Ballon, den man immer wieder aufbläst, damit er wächst und immer größer wird, der platzt irgendwann einmal. Genau dies droht der deutschen Wirtschaft. Sie wird irgendwann einmal inflationieren und „zerplatzen", wenn man nicht mit dem törichten „Wachstums"- Gerede und dem Wachstumsdenken aufhört. In Deutschland ist kein Wachstum mehr möglich, weil hier der Markt fast gesättigt ist. Zugleich breitet sich die Armut aus. Auf Wachstum in einem nahezu gesättigten Markt zu setzen ist die perfekte Torheit. Der Sättigungsgrad ist nahezu erreicht. Wachstum wäre, wie bereits in diesem Buch erwähnt, nur möglich und auch nötig, wenn ein Krieg wieder alles zerstört und alles wieder aufgebaut werden muss. DANN macht Wachstum Sinn. Im Augenblick geht es eigentlich hauptsächlich darum, einen nahezu gesättigten Markt am Leben zu erhalten. Nahezu jeder – auch der Arbeitslose – hat in Deutschland sein Auto, seine Wohnung und sein Geld. Was soll denn da noch wachsen? Millionen von Flüchtlingen tragen auch nicht dazu bei, die Situation zu verbessern.

Unsere Politiker sind in einer Sackgasse, weil ihnen einfach die rechte Einschätzung der Lage ab-

geht. Was wir brauchen, ist ein NEUES ZINSFREIES UND UMLAUFGESICHERTES WÄHRUNGSSYSTEM, und zwar schnell, am besten sofort. Die Zinsen müssen runter bzw. weg, UND das Geld muss leicht an Wert abnehmen und damit in den Umlauf GEZWUNGEN werden. Eines funktioniert nicht ohne das andere. Der Mittelstand, das Rückgrat einer jeden Demokratie, muss wieder Motivation bekommen zu investieren, die Geldmenge muss im Umlauf bleiben und dann wird es auch gelingen, den augenblicklichen technischen und sozialen Stand der Entwicklung zu halten und allmählich zu verbessern. Diese Art von Wachstum lasse ich mir gefallen, und die macht auch Sinn.
Wer nicht die in diesem Buch vorgeschlagenen Maßnahmen befolgt, der wird sehen, dass sich die wahren Herrscher bald ein neues lukratives „Wachstum“ besorgen werden, und zwar, indem sie einen neuen Krieg anzetteln, der ihnen mehr finanziellen Gewinn bringt und uns noch mehr versklavt, als wir es ohnehin schon sind.

SICHERHEITEN

Übrigens: Die Banken geben uns UNSER EIGENES GELD natürlich nicht umsonst, sie wollen auch noch Garantien bzw. Sicherheiten dafür. Was sind wohl diese Garantien, lieber Leser? Nun, das ist also die BUNDESREPUBLIK DEUTSCHLAND (also DIE FIRMA BRD), sowie öffentliche Parks, Wälder, Straßen, Häuser etc. Mit anderen Worten: Alles ist bereits als Sicherheit verscherbelt an die Banker, die uns Kredite geben, Geld, das uns eigentlich von Anfang an gehört, und die Bundesrepublik Deutschland ist pleite. Unser eigenes Land gehört uns gar nicht mehr. AUS DIESEM GRUNDE gab es ja bereits im Dezember 1984 DIE VIERTE WILDNIS-KONFERENZ in Denver, Colorado. Da ging es genau um dieses Problem. Die Herren Banker treffen sich da und beraten, wie sie sich die SICHERHEITEN für das uns angedrehte geliehene Geld aufteilen können. Eine WCB (Weltsicherheitsbank) soll gegründet werden, nach deren Richtlinien die Gläubigerstaaten ihren Grund und Boden teilweise und schließlich ganz als Sicherheiten übergeben müssen. Dies gilt auch und vor allem für Länder der Dritten Welt. Diese teilen sich dann die Herren Banker wie beim Monopoly untereinander auf...

WAS ICH NOCH SAGEN WOLLTE

Lieber Leser, dieses Buch weist den Weg hinaus aus einer weltweiten Wirtschaftskrise. Alles, was man tun muss, ist, den Vorschlägen in diesem Buch zu folgen. SCHLIMMER kann es ja nicht werden, nur besser. Abschließend möchte ich zum besseren Verständnis der hier präsentierten Lösungen noch auf einige wenige Punkte hinweisen, die ich in diesem Buch vielleicht vernachläs-

sigt habe, weil ich sie beim Leser - und das wohl zumeist zu Recht - voraussetzte. Aber dieses Thema ist zu ernst, als dass man voraussetzen kann, dass jeder sich darin auskennt, darum noch einmal folgendes:
Es ist ihnen sicherlich gegenwärtig, lieber Leser, dass die Staatsmänner der ganzen Welt von Besprechung zu Besprechung jagen, von Gipfelkonferenz zu Gipfelkonferenz. Warum wohl? Sie wollen Probleme lösen, WELTWEITE Probleme, vor allem auch auf wirtschaftlicher Ebene, doch nicht EINER der von uns bezahlten und ganz behaglich und komfortabel lebenden Herren wird wohl jene Ideen im Gepäck haben, die in diesem Buch enthalten sind und angeboten werden. Darum kann man nur hoffen, dass auch unsere Abgeordneten dieses Buch lesen werden.

DIE GROSSE FLUT im Osten und Norden unseres Landes (während der Entstehung der ersten Auflage dieses Buches) beschäftigte ja alle und lenkte ein wenig von den wirklichen Problemen ab, die von weitaus verheerenderen Folgen sein werden, wenn man nicht endlich aufwacht. Und doch sollte man die damals wütende so genannte „Jahrhundertflut“ zum Anlass nehmen, nicht alles wie bisher weiterlaufen zu lassen. EIN UMDENKEN ist angesagt, nicht nur, was unseren Umweltschutz anbelangt und eine vernünftige Nutzung der Rohstoffe im Verbund mit Wind und Sonnenenergie, sondern auch ein SOZIALES und

WIRTSCHAFTLICHES sowie WÄHRUNGSPOLITISCHES Umdenken ist erforderlich: **Jetzt** ist die Zeit gekommen, das in meinem Buch Vorgeschlagene auch in die Tat umzusetzen. Wenn nicht, lieber Leser, dann wird auf die „Jahrhundertflut“ und „Jahrhundert Corona Pandemie“ eine „Jahrhundert - Währungs Pandemie“ folgen, in Verbund mit einem totalen Zusammenbruch unserer Wirtschaftssysteme. DAS ZINSFREIE UMLAUFGESICHERTE GELDSYSTEM kann diese kranke Entwicklung stoppen.

Lieber Leser, kennen Sie eigentlich den Unterschied zwischen Planwirtschaft, Sozialer Marktwirtschaft und der Zinsfreien Umlaufgesicherten Geldwirtschaft, wie ich sie vorschlage? Nun denn: Die PLANWIRTSCHAFT wurde während der Weltkriege entwickelt, vor allem während des Zweiten Weltkrieges, aber auch bis zum Mauerfall in der damaligen DDR. Da wurde ein nach Normen erwarteter Bedarf verplant und dem Markt entsprechend zugeteilt. DAS SOLL musste erfüllt werden. Dabei kamen natürlich die individuellen Wünsche der Menschen zu kurz, und Zufälle wie Missernten konnten bei einer Planwirtschaft nicht eingeplant werden. Dass dies zu Engpässen in der Versorgung und damit zu Enttäuschung und Unfrieden in der Bevölkerung führte, war wohl unvermeidbar.
Lieber Leser, als wir in Deutschland die nachkriegsverursachte Planwirtschaft überwunden hat-

ten, kam die SOZIALE WIRTSCHAFT an ihrer Stelle. Sie war die Mutter des Wirtschaftswunders. Ludwig Erhard lässt schön grüßen. Aber wie der geneigte Leser bereits weiß: Jedes Wachstum hat einmal ein Ende, und am Ende des deutschen Wirtschaftswachstums bzw. Wirtschaftswunders stand und stehen: Währungsverfall und Arbeitslosigkeit. Da helfen auch keine Konjunkturmaßnahmen, sie müssen früher oder später scheitern. Was ist zu tun? Wir müssen, um es zum tausendsten Male zu wiederholen, die widersprüchliche Doppelfunktion unserer heutigen Geldwährung beenden, denn sie macht eine natürliche freie Marktwirtschaft unmöglich. Unser heutiges Geld ist Tauschmittel UND Wertaufbewahrungsmittel. Geld sollte aber KEINE Ware sein, an der man ein Eigentum erworben hat, denn dann verführt Geld zum Spekulieren, die Gier erwacht. Man kann dann zum Beispiel im Verbund mit anderen Großspekulanten einen Ansturm auf die Geldwährung inszenieren und Milliardengewinne erzielen, siehe die Spekulation Dollar/Mark Anfang August 1878. Wer auf diese Weise das Geld ohne Verluste zurückhält, der kann so die Volkswirtschaft zielbewusst in Unordnung bringen. Wenn dann die tumben Regierenden, die ja den Schwindel meist nicht erkennen (oder die dafür bezahlt werden, ihn nicht zu erkennen) neues Geld bzw. MEHR Geld drucken, dann führen sie damit unweigerlich eine Inflation herbei.

Lieber Leser, wir müssen daher, wie in diesem Buch detailliert beschrieben, die Geldmenge den an den Markt herangetragenen Tauschwünschen so anpassen, dass weder ein Zuviel noch ein Zuwenig an Geld den Markt beeinflusst. Dann muss natürlich der Umlauf des Geldes gesichert werden. Also keine private Hortung etc. Sparen soll man schon können. Das zu sparende Geld darf aber nicht privat gehortet werden, sondern muss bei den zuständigen Geldinstituten eingezahlt werden. So verdächtig dies auch klingen mag, es ist die rechte Maßnahme. Durch Geldmengenregulierung sorgt die Bundesbank dann dafür, dass der Wert des eingezahlten Geldes dem Wert des ausbezahlten entspricht. Dies ist die ja von mir bereits auf Seite 20 erwähnte „umlaufgesicherte Indexwährung".

Was Karl Marx anbelangt, so mag der Leser vielleicht den Eindruck bekommen haben, als ob ich Marx als revolutionären Denker nicht gebührend respektiere, weil ich in diesem Buch vom IRRTUM DES KARL MARX schreibe. Das stimmt nur teilweise: Karl Marx hatte zum Teil recht, wenn auch nur sehr spät, und dann hat keiner entsprechend gehandelt. Was ich meine, ist folgendes:

Karl Marx glaubte ja, dass die Ursache der Ausbeutung in dem Besitz oder Besitzer der Produktionsmittel zu suchen sei. Das ist völlig falsch, denn auch schon zu Marx Zeiten mussten z.B. die vielen Wind- und Wassermühlenbesitzer dem

Grundherren einen beachtlichen Obulus entsprechend ihres Gewinnes entrichten. Besitz per se, lieber Leser, ist tot, wenn er nicht entsprechend ge- oder benutzt wird. Ich gebe ein Beispiel von vielen: Im Jahre 1977/78 wurde in Hamburg eine Fabrik mit 310 Arbeitsplätzen zum Kauf angeboten. Für wie viel? Für Millionen oder Hundert Tausende? Nein, für den symbolischen Wert von 1 DM. Wo lag der Haken an der Sache? Ganz einfach, der Käufer musste sich dazu verpflichten, die Arbeitsplätze zu retten. Das Resultat: Es fand sich kein Käufer. Also: Besitz kostet zunächst einmal und zwar deshalb, weil man ihn schützen muss. Wogegen wohl? Gegen Einbrecher? Nein, gegen die VERGÄNGLICHKEIT muss man den Besitz schützen, darum kostet er eben Unterhaltung. Nur dann ist der Besitz keine Belastung, wenn der Besitzer des Besitzes einen Abnehmer findet, der mit dem Beisitz auch arbeiten kann, eine Leistung damit vollbringt und so die damit verbundenen Kosten weitergegeben werden können. Natürlich kann ein Besitz auch ausbeuten, aber nur dann, wenn der Besitzer des Besitzes eine MONOPOLSTELLUNG innehält und diese dazu benutzt, den Käufer zu zwingen, überhöhte Preise zu bezahlen, wenn er also das Tauschmittel „Geld“ manipuliert. Karl Marx wäre nicht das Genie, das er war, wenn er seinen fundamentalen Irrtum nicht selbst erkannt hätte. Zur Arbeitsteilung gehört nun mal ein allgemeines Tauschmittel, welches die Menschen, wie in die-

sem Buch angedeutet, schufen und benutzten. Die Menschen aber horteten oft das Geld, welches dann auf dem freien Markt fehlte, den man dadurch beeinflusste. Nun konnte man Geld verleihen und Zins erpressen. Ganze Völker wurden versklavt (siehe auch *Die Bibel* und ihre „7 fetten und 7 mageren Jahre"). Ich kann nur wiederholen, dass die glücklichste Zeit unseres Kulturkreises wohl die Frühgotik war. Da trugen die Bauern noch zum Teil ihr Geld auf dem Wams in Form von silbernen Knöpfen und zahlten damit, indem sie die Knöpfe abnahmen oder „abknöpften". Daher der Begriff „einem Geld abknöpfen". Durch das umlaufende „Schwund- oder Verrufgeld" florierte die Wirtschaft, was zu allgemeinem Wohlstand führte. DIE DOME waren die sichtbaren Beweise dafür. Die Münzen mussten spätestens jedes Jahr gegen neue Münzen mit Verlust eingetauscht werden, was dazu führte, dass niemand sein Geld zu lange behielt, sondern ausgab. Geldhortung mit Zinserpressung war unmöglich, kein Kapitalstreik konnte (wie heute) die Wirtschaft in Unordnung bringen.
Doch dann siegte die Gier. Die herrschenden Familien sahen, dass hier nicht mehr der große Reibach gemacht werden konnte, vor allem stank ihnen, dass es keine Armen mehr gab, die man unterdrücken konnte und so hob „man" den Umtauschzwang des Geldes wieder auf. Der ungestörte Umlauf des Geldes war nicht mehr gesichert und die Menschen horteten wieder das Geld

und verliehen es wieder gegen Zins. Die Kluft zwischen Arm und Reich klaffte sofort auf und wurde immer größer. Die Zeugen dieser schandhaften Entwicklung: Die heute noch vorhandenen und nicht fertig gewordenen Türme der Dome.

Nun habe ich auf Seite 98 Zeile 4 dieses Buches einen Satz geschrieben, der vielleicht missverständlich ist. Es ist der Satz „Man kann jetzt zur Bank gehen und einen Kredit verlangen, ohne Zinsen bezahlen zu müssen, sondern nur bis zur Abhebung des Geldes vom Kreditnehmerkonto eine Nutzungsgebühr ...“.
Damit meine ich folgendes: Der Kreditnehmer muss nur solange eine Nutzungsgebühr für den Kredit bezahlen, wie der Kredit auf dem Konto des Kreditnehmers liegt, er ihn also nicht benutzt. Ist die vereinbarte Laufzeit abgelaufen, muss er dann nur die ursprünglich aufgenommene Kreditsumme zurückzahlen. Ist sich der Leser der vollen Bedeutung dieses Vorgangs bewusst? Wenn der Kreditnehmer dann zum Beispiel das von der Bank geliehene Geld dazu benutzt, sich ein Auto zu kaufen, dann zahlt er es ja auf das Konto des Autobesitzers (Firma oder Eigentümer) ein. Dieser nun muss seinerseits Nutzungsgebühren für das auf sein Konto eingezahlte Geld entrichten, wird also alles tun, um dieses Geld so bald und so schnell wie möglich wieder in Umlauf zu bringen. DADURCH erklärt sich die hohe und darum GESUNDE Umlaufgeschwindigkeit des Geldes

in einer zinsfreien Gesellschaft. Um den Übergang in ein zinsloses Währungssystem zu ermöglichen bzw. zu erleichtern oder für den Zweifler zu demonstrieren, schlage ich schon mal das folgende alternative Modell vor. Sind Sie vielleicht Filialleiter einer Geschäftsbank? Dann versuchen Sie doch mal folgendes: Bieten Sie Ihren Kunden neben den herkömmlichen Diensten die Möglichkeit, an einem Netzwerk von Konten für speziell gedrucktes und entworfenes zinsfreies Geld teilzunehmen. Dabei wird das Geld in neuer Weise behandelt. Zunächst nehmen Sie, der Banker bzw. die Bank einen herkömmlichen Kredit auf, für den Sie auch die herkömmlichen Zinsen in herkömmlichem Geld zahlen. DIESES GELD aber steht nun in NEUER WEISE als ZINSFREIES Geld für Kredite der Bank an ihre, diesem Experiment zustimmenden Kunden zur Verfügung. Dies beeinträchtigt übrigens nicht die vom ursprünglichen Kreditgeber gegenüber der Bank bestehende Schuld und Zinsforderung im herkömmlichen Wege. Darum sind Bank und Kreditgeber der Summe auf diese Weise abgesichert. Es ist auch nicht möglich, die gleiche Geldsumme in derselben Laufzeit mehrmals mit Zinsen zu belasten. Ein „zinsfreier Kunde“ aber muss, wie bereits erwähnt, nur solange eine Benutzungsgebühr entrichten, wie das Geld auf seinem Konto liegt und NICHT von ihm benutzt wird. Wenn er es abhebt und damit arbeitet, entfällt diese Benutzungsgebühr. Sie wird ja auch in herkömmlichem Geld gezahlt, da ja die Bank, wenigstens am Anfang, ebenfalls Zinsen an IHREN ursprünglichen Kreditgeber zahlen muss. Kosten für einen negativen Saldo könnte man entgehen durch die Aufnahme eines fast kostenlosen Kredites, der das eigene Konto ausgleicht. Weil eben die zinsfreien Kredite zinsfrei sind, werden sie für jederman erschwinglich, wenn er die Garantie der Rückzahlung nach vereinbarter Laufzeit bietet und somit verantwortungslose Kreditaufnahme verhindert. Obwohl man bei diesem Übergangsmodell zinsfreies Geld nicht einfach wieder in herkömmliches Geld umtauschen kann, ist es ebenfalls eine Sicherheit, die es ermöglicht, einen Kredit in herkömmlichem Geld zu erhalten. Wie steht es aber nun mit dem der Geschäftsbank geliehenen Geld, wenn es auf dem Konto derselben liegt? Dann muss die Geschäftsbank ja auch Nutzungsgebühren an den Kreditgeber zahlen? Na und? Ich zitiere W. Röhrig: „Wer Waren und Leistungen anzubieten hat, weil für die möglichen Kunden das Geld durch die Zinsen zu teuer ist, wird lieber neutrales (zinsfreies, Lanoo) Geld annehmen, als auf seinen Waren und Dienstleistungen sitzen zu bleiben. Ein Unternehmer, der bei einem zusätzlichen Geschäft vielleicht 10-20% Gewinn machen würde, wäre sicher bereit, die damit verbundenen kurzfristigen und deshalb geringeren Kosten für Kassenhaltung mit zinsfreiem Geld in Kauf zu nehmen. Auch ein Hypothekenschuldner hätte Nutzen von einem zinsfreien Geld-Kredit, um in-

zwischen die bisherigen Schulden abzutragen: Entlastung von Zinsen durch Umschuldung. Und vielleicht würde es ebenso der Öffentlichen Hand ganz gut gefallen, so mit ihren Schulden zu verfahren.“ Recht hat er.
Außerdem: Ohne Aussicht auf Zinsen besteht sehr wohl Anreiz zum Sparen. Dies betrifft sowohl das Sparen für die Altersversorgung sowie auch, falls gewollt, für eine Weltreise, Aussteuer etc. Will man die durch Kassenhaltung von zinsfreiem Geld entstehenden Kosten loswerden, dann muss man das Geld z.B. verleihen und so in Umlauf bringen. Die eingezahlte Summe entspräche dann der Höhe der Ersparnisse und wäre nicht mehr durch Zinsen künstlich aufgeblasen. Dies würde einen absoluten Vorteil für die kleinen Sparer bedeuten, weil die reichste Bevölkerungsgruppe sich nicht mehr an deren Zinszahlungen bereichern kann. Die Reichen wären immer noch reich, aber nicht mehr auf die Weise, dass ihr Reichtum ohne eigene Arbeit durch die Zinsen der anderen wächst. Dies würde zu einem Abbau sozialer Spannungen führen, was ja auch im Interesse der Reichen wäre.

Doch zurück zu Karl Marx. Als er die Unrichtigkeit seiner eigenen Theorie erkannte, welche besagte, dass der Besitz von Produktionsmitteln die Ursache der Ausbeutung sei, schrieb er in seinem Werk *DAS KAPITAL* auf Seite 392/93, Band III, dass „DER UNTERNEHMER EIN ARBEI-

TER IST, DER IM UNTERNEHMERGEWINN SEINEN ARBEITSLOHN VERDIENT.“ Dieser Arbeitslohn bleibt dem Unternehmer vom Profit übrig, nachdem der BOSS des Unternehmers dem Unternehmer DEN ZINS abgenommen hat. Wer ist denn nun dieser rätselhafte Boss? Es ist DIE BANK bzw. jeder Kapitalgeber, der sein Geld für Zinsen verleiht.

Man höre und staune. Was Marx damit meinte, war natürlich, dass Arbeitnehmer **und** Arbeitgeber gemeinsam gegen den Zins bzw. das Geldsystem standen UND HEUTE NOCH STEHEN. Hätte man doch nur diese richtigen Gedanken von Karl Marx kontinuierlich weitergedacht, dann wären der Menschheit unendlich viel Leid und Elend erspart geblieben.
Also: Die Menschen werden nicht durch die Produktionsmittel, sondern durch den ZINS ausgebeutet. Heute (2020) zahlen wir ÜBER FÜNFHUNDERT MILLIONEN EURO ZINSEN TÄGLICH, Tendenz steigend.

Die Oktoberrevolution in Russland musste ja scheitern, denn der wahre Ausbeuter blieb an der Macht, nämlich DIE BANKEN. Man hatte zwar das Geld abgeschafft, aber als man es wieder einführte, änderte man seine Funktion nicht auf die von mir hier vorgeschlagene Weise (**ausschließlich** als zinsfreies umlaufgesichertes Tauschmittel), sondern man nutzte es wieder in seiner ver-

hängnisvollen Doppelfunktion als hortbares, zinstragendes und zinsforderndes Ungeheuer, ein Moloch, der bald alles verschlingen würde.
Der von Karl Marx so gepriesene „Reichtum der Möglichkeiten" durch Arbeitsteilung wurde durch die damalige Planwirtschaft eben nicht verwirklicht und die wahren, nur für wenige Menschen erkennbaren Ideale der Marxschen Weltanschauung wurden verraten.

Lieber Leser, die Wirtschaftsform des Westens muss scheitern. Das heutige Geldsystem ist charakterisiert durch Zins und Zinseszins (trotz jetzt angeblichem Null Zins) und kann nur durch wachsendes Wirtschaftsvolumen bestehen. Bedenken Sie bitte, dass das so genannte Wirtschaftswunder nur möglich war, weil wir damals nach dem Krieg „doch nichts hatten". Alles war zerstört, und die Wünsche eines sich immer mehr erhöhenden Lebensstandards gaben der Industrie lange Zeit die Möglichkeit, expansiv die erzielten Gewinne wieder rentabel anzulegen, frei nach Wilhelm Busch „Ein Wunsch, wenn mal erfüllt, kriegt automatisch Junge".
Wie sieht es denn heute aus? Es gibt kaum noch Wünsche, die nicht mit der vorhandenen Industriekapazität zu erfüllen wären, und doch besteht der ZWANG zur Investition. Von wem geht denn dieser Zwang aus? Vom Geld natürlich. Ein zinsloses umlaufgesichertes Geld würde einen solchen Zwang NICHT ausüben......

Und wie entspricht man diesem Zwang? Durch kapitalaufwendige Rationalisierungsmaßnahmen. Diese wiederum sind neben der Lohnkostenersparnis mit einer Produktionsausweitung verbunden. Der Lebensstandard würde sich ja heben, wenn dadurch die Konsumwaren billiger würden. Da der Kapitalzins aber systembedingt gleichberechtigt neben dem Lohn als Kostenfaktor steht, wird der Anteil der Kapitalerträge am Gesamteinkommen immer größer. In der Schule lernen wir immer von der schlimmen Ausbeutung der Bauern durch die Landbesitzer und Grafen etc. Lieber Leser, die Menschen heute werden viel mehr ausgebeutet als die Bauern damals. Den Bauern wurde früher ein „Zehnt“ abgenommen, heute beträgt der Anteil des Kapitaleinkommens am Gesamtvolumen bereits 16-17% Prozent und mehr. Der Kapitaldienst bei den Kernkraftwerken beträgt sogar 60% der Kosten. Die Gewerkschaften glauben, dass sie für die Arbeiter und Angestellten etc. kämpfen. IN WIRKLICHKEIT spielen sie dem Arbeitgeber bzw. auch und vor allem dem KAPITALGEBER in die Taschen, weil die Gewerkschaften nämlich den Fehler begehen, die Steigerung der Produktion einer Produktivitätssteigerung der Menschen gleichzusetzen und deshalb höhere Löhne fordern. Dies aber dient nur dem KAPITALERTRAG, denn die höhere Produktionsmenge erfordert ja für ihren Verkauf eine höhere Menge Geld. Die rationalisierte Industrie kompensiert den durch die Gewerkschaften verursachten steigenden Kostenfaktor Löhne durch erhöhte Gütermenge. Der Dumme ist da wieder mal die Bevölkerung, denn durch das Anheben des Lohnniveaus werden ja die Dienstleistungen immer unerschwinglicher. Das Resultat: Man klagt landauf, landab. Wie reagieren nun die arbeitsaufwendigen Industriezweige auf die steigenden Lohnkosten? Der Leser ahnt es bereits, sie verlegen ihre Produktion ins lohnkostengünstigere Ausland. Tja. Dies wiederum führt nicht nur zu einer Verminderung der Arbeitsplätze, sondern auch zu einer Verminderung der Kaufkraft allgemein.

Über eines kann ich mich immer noch nicht beruhigen, obwohl ich bereits im Kapitel DIE WACHSTUMSLÜGE darauf eingegangen bin. Aber hier ist es noch mal:

JEDER POLITIKER posaunt heutzutage (vor allem vor der Wahl) den selben Unsinn heraus: Man fordert MEHR WACHSTUM. Dümmeres kann man sich wohl kaum einfallen lassen, denn: In einer endlichen Welt kann es kein unendliches Wachstum geben. JEDES Wachstum muss ja auch einmal ein Ende haben. Aber wann? Und wo? Da lacht des gierigen Illuminati Herz, und er denkt: „Wie wär's mit einem Krieg? Da könnten wir wieder ganz von vorne anfangen und wieder wachsen und daran kräftig verdienen, während die anderen fleißig wiederaufbauen, konsumieren und sich wieder mal für eine Weile in Sicherheit fühlen".

Und darum, lieber Leser, ist das, was wir brauchen, GELDWERTSTABILITÄT. Die umlaufende Geldmenge muss dem Markt ständig als Tauschmittel in den entsprechend organisierten Geldinstituten zur Verfügung stehen.
Dann, unbeeinflusst durch das Tauschmittel Geld auf dem Markt, werden sich die Preise nach Angebot und Nachfrage allmählich einpendeln. Die zinslosen Spargelder sind dann durch keine Inflation geschmälert, weniger Waren und Leistungen werden dem Markt entnommen, und die Belastung aller Mitbürger sinkt. Zwar werfen bei Null Zinsen Investitionen keine riesigen Gewinne ab, sie dienen aber zur Sicherung der Existenzgrundlage und des Lebensstandards der kommenden Generation.
Eine nicht mehr unter Wachstumszwang stehende Wirtschaft wird auch keine Arbeitslosen mehr zu ertragen haben. Die Angst vor Inflationsgefahr aus dem heutigen Währungssystem veranlasst ja viele Menschen, über das als notwendig erachtete Maß hinaus zu arbeiten und gar nach Erreichung der Altersgrenze fortzufahren. Das auf diese Weise hergestellte Sozialprodukt kann aber vom Schaffenden nicht getauscht werden, da niemals eine Nachfrage danach besteht. Und doch erscheint dieses Sozialprodukt auf dem Markt. Tauschwillige Hersteller dieses Produktes können so nicht weiter mit seiner Herstellung beschäftigt werden und werden dann arbeitslos. Leistung gegen Leistung über das Funktionsmittel Geld, so

ist der natürliche Wirtschaftskreislauf, und der wird auf diese Weise früher oder später unterbrochen. Außerdem muss das Geld unmanipulierbar wertbeständig sein. Das Geld darf kein Eigenleben mehr führen, sondern muss wie in jedem biologischen Kreislauf einer natürlichen Ordnung unterworfen sein.

Nun mag so mancher einwenden, dass bei dem von mir vorgeschlagenem zinslosen rottbaren Geldsystem das vom Sparer auf die Sparkasse eingezahlte Geld auch im Sparkassenbuch „rotten" und den Umlaufverlust mitmachen würde, doch das ist natürlich Unsinn. Lieber Leser, wenn sie mir für einen Monat eine Kiste Äpfel leihen, so gebe ich ihnen doch nicht nach dem Monat die dann verfaulten Äpfel zurück, sondern neue.

Wenn ich 100 Euro auf die Sparkasse einzahle, dann kriege ich auch 100 wieder raus. Übrigens: Anstatt RENTE zu zahlen, würde ich ein Gesetz vorschlagen, bei dem jeder Bürger eine gewisse Summe Geldes pro Monat SPAREN muss, dies akkumuliert dann zur späteren „Rente". Wer dafür bereits zu alt ist, wird aus dem Sozialtopf bedient, der beim zinsfreien Geldsystem durch vernünftige Steuern leichter funktioniert als unser heutiges wackliges Sozialsystem. Alles andere ist „Roulettspiel", wie wir ja heute bei den unsicheren Renten sehen. Außerdem: Bei Null Zinsen wird JEDER sparen können und nicht wie heute nur besonders Befähigte und Entsagungsmutige. Wer heute (bei dem jetzigen System) spart, der macht eigentlich folgendes: Er arbeitet viel und kauft wenig. Er wirft also zum Beispiel für 100 Euro Arbeitserzeugnisse auf den Markt, kauft aber selber sagen wir mal nur für 90 Euro, weil er z. B. 10 Euro sparen will. In einer zinsfreien Gesellschaft wie von mir vorgeschlagen verkauft man zu gleichem Preis wie man kauft. So kann JEDER sparen. Ich weiß, dies erfordert Umdenken, aber sei's drum, wir haben ja alle Zeit dieser Welt, und wer nicht hören will, der muss fühlen.

Liebe und Licht, Euer Lanoo

Übrigens: Der von mir auf dem Backcover dieses Buches vorausgesagte Euro-Crash beginnt **jetzt**, und zwar bei den KRANKENKASSEN. Deren Defizit überschritt im August zum ersten Male die Milliardengrenze. DPA berichtet:
„BERLIN: Alarm bei den gesetzlichen Krankenkassen: Ihr Defizit hat im zweiten Quartal dieses Jahres zum ersten Mal die Milliardengrenze überschritten. Allein die großen Ersatzkassen Barmer, DAK und Techniker-Krankenkasse sowie die großen Innungskrankenkassen verzeichnen zusammen mehr als eine Milliarde Euro minus."
Und warum ist das so, frage ich. Weil der deutsche Steuerdepp nicht einzahlt? MITNICHTEN. Der Deutsche zahlt schön fleißig, aber die HERREN IN DEN VORSTANDSETAGEN spekulieren mit dem Geld in windigen Geschäften, und das meiste stecken sie sich in die eigenen Taschen.

MÖGLICHE EINWÄNDE GEGEN DAS ZINSFREIE GELDSYSTEM (und wie man ihnen begegnet)

Dies ist keine Spielerei oder ein erfundener Roman. Ich habe nicht jahrelang recherchiert, um dann einfach so zum nächsten Buch überzugehen. Dieses Buch ist - das friedliche Verbleiben in dieser Welt betreffend - wohl das Wichtigste, was ich je geschrieben habe. Ich behaupte, dass die Befolgung der in diesem Buch beschriebenen Wege die Menschheit in eine neue Zukunft des Friedens und Wohlstandes führen wird. Um die Botschaft dieses Buches jedoch wirksam und erfolgreich verbreiten zu können, muss der Leser gewappnet sein. Gewappnet wogegen? Nun, gegen die GEGNER dieses Buches bzw. seiner Botschaft. Sie werden mit allen Mitteln versuchen die Botschaft dieses Buches zu bekämpfen, zu kritisieren, ja lächerlich zu machen. Dagegen muss der Leser also gewappnet sein. Darum werde ich jetzt mal des Teufels Advokat spielen und die wichtigsten Einwände gegen eine zinsfreie Geldwährung und Gesellschaft ins Feld führen, aber auch wie man ihnen wirksam begegnet. Alsdann:

Einwand 1: In einer zinsfreien Gesellschaft kann der Staat keine Steuern erheben.

Antwort: Unsinn. Man kann und wird sogar seine Steuern SOFORT nach Erhalt des Lohnes zahlen, um einer Entwertung des Geldes durch Behalten vorzubeugen.

Einwand 2: Ein zinsfreies Geldsystem würde genau das bewirken, was es verhindern will, nämlich mehr Nachfrage und damit einen Wachstumsschub.

Antwort: Falsch. In einer Volkswirtschaft ist die Nachfrage nicht größer als die Einkommen, welche auch nicht höher sind als die Leistung. Die Gesamtsumme aller Leistungen entspricht der Nachfragemöglichkeit. Das zinsfreie Geldsystem würde also eine Nachfrageverlagerung verursachen, jedoch nicht eine Nachfragesteigerung. Wer bisher Zinsen bezog, der kann jetzt weniger kaufen; wer bisher Zins zahlte, der kann mehr kaufen. Die wahren Zinsbezieher, das waren bisher die paar Prozent Superreichen im Lande, die Zinszahler jedoch die Mehrheit der Bevölkerung. Eine Umverteilung von Reichtum durch Zins findet dahingehend statt, dass jeden Tag etwa 500 Millionen Euro von den Arbeitenden auf die Kapitalbesitzer übertragen werden. Auch eine Besteuerung der Reichen oder eine Minderbesteuerung der Armen ändert daran nicht viel. Wir, die entwickelteren Länder, erhalten jeden Tag etwa 200 Millionen Dollar an Zinszahlungen aus den Ländern der Dritten Welt. Die Entwicklungshilfe-Summe, die wir ihnen aber geben, ist nur halb so groß. EIN DRITTEL der von uns gegebenen Entwicklungshilfe dient zur Deckung der ZINSEN früherer Kredite. Die Entwicklungshilfe ist über-

haupt gar keine, sondern ein ausgemachter Zinsschwindel. Lieber Leser, was die Wohlfahrtsorganisationen jedes Jahr mit viel Aufwand bei uns zusammenbetteln, reicht der Dritten Welt gerade, um den Zinsverpflichtungen für DREIEINHALB TAGE nachzukommen. Wissen sie eigentlich, was das bedeutet? Die Reichen betteln sich ihre Zinsen BEI UNS zusammen.
DER ZINS ist der Schuldige (oder sollte ich sagen DIE GIER nach dem Zins?); DER ZINS übt eine Vorreiterfunktion in Bezug auf die wirtschaftliche Entwicklung aus. Der Beweis dafür ist in dem Vergleich von steigenden Zinssätzen und einer steigenden Zahl von Pleiten in Handel und Industrie sowie in steigenden Arbeitslosenzahlen zu sehen. Diese erfolgen in einem Zeitverzug von ungefähr zwei Jahren. Zinsfreies umlaufgesichertes Geld (ZUG) würde dieser unseligen Entwicklung ein Ende bereiten.
Einwand 3: Die arbeitende Bevölkerung wird in einem zinsfreien Währungssystem kaufen bis zum „Geht nicht mehr“.
Antwort: Nein, denn eine volle Ausschöpfung des Kaufkraftzuwachses führt nicht notwendigerweise zu einer Vergrößerung der Gesamtnachfrage. Die zusätzlichen Wünsche der arbeitenden Bevölkerung liegen aber, wie Umfragen bestätigen, nicht in der Bedarfsbefriedigung, sondern in mehr Freizeit etc. Dieser Zuwachs an Freizeit wird in einer zinsfreien Gesellschaft ermöglicht. Aber selbst wenn die Menschen plötzlich nur noch

kaufen, kaufen, kaufen würden, würden damit die bisher ungesättigten Restbereiche gefüllt werden. DANN würde bei Sättigung eine höhere Nachfrage nach mehr Freizeit und eventuell kultureller Tätigkeit einsetzen. Die Menschen brauchen gar nicht so viele Güter zu ihrem Glück, wie man ihnen immer unterstellt.
Darum sage ich, dass in einer zinsfreien Gesellschaft die Wirtschaftsleistung stabil bleiben oder meinetwegen auch langsam abnehmen würde.
Einwand 4: Der Mensch ist unersättlich in seinen Wünschen und deren Befriedigung.
Antwort: Damit meint der Kritiker wohl gerade jene, die ohne Arbeit mit viel Zins Geld verdienen wollen. Sei´s drum, wer jedoch für die Erfüllung seiner Wünsche arbeiten muss, der wird sehr bald die Unfreiheit des wachsenden Besitzes erkennen. Er wird eher dahingehend arbeiten, dass er durch Erhaltung der zinsfreien Währung sich und seinen Kindern eine friedliche krisengeschützte Zukunft garantiert. Es sind doch jene superreichen Schmarotzer, die ohne Arbeit vom Zins leben, die in der arbeitenden Bevölkerung immer und immer wieder künstlich durch Werbung in den Medien Wünsche erzeugen, die vorher gar nicht da waren. Diese ungesunde Entwicklung wird in einer zinsfreien Gesellschaft zum Stillstand gebracht oder zumindest unter Kontrolle gehalten. Die Bankkonzerne stehen heute vor einem seltsamen Problem: Sie haben zuviel (durch den Zins- und Zinseszinseffekt ver-

mehrtes) Geld und wissen nicht, wohin damit, das heißt, sie werden es nicht los. Auch hier dient die Abschaffung des Zinses einer Gesundschrumpfung auf Bankenebene.

Einwand 5: In einer zinsfreien umlaufgesicherten Geldwirtschaft läuft das Geld noch schneller um und die Wirtschaft kippt dadurch ab.

Antwort: Aber nur wenn man, wie jetzt, zwar zum Teil Null Zinsen hat, aber das Geld nicht an Wert abnimmt. Man erwirbt das Geld oder lässt es von anderen erwerben, dann gibt man es aus. Schneller geht's nie. Man kann aber sehr wohl, wie es ja heute auch geschieht, das Geldausgeben verzögern, und zwar kurz- oder längerfristig und dadurch Nachfragedisharmonie erzeugen, also einen Geldmangel, welcher die Wirtschaft deflationiert. Wäre ja nicht das erste Mal, dass dies geschieht.

Einwand 6: Macht nichts, dann drucken die Notenbanken halt mehr Geld und neutralisieren so die Deflationsgefahren zurückgehaltener Kaufkraft.

Antwort: Wer so denkt, der blickt eben nicht weiter als über seinen Tellerrand hinaus. Maßnahmen dieser Art führten immer zu neuem Inflationspotential, welches dann wirksam wird, wenn jene, die das Geld bis dahin zurückgehalten haben, es nun wieder in den Kreislauf einfließen lassen. Dann ist plötzlich zu viel Geld da = Inflation. Bei der von mir vorgeschlagenen zinsfreien Währungsmethode hätte die Notenbank es nicht mehr nötig, zurückgehaltenes Geld durch höhere Zinsanreize in den Kreislauf zurücklocken zu müssen. Das ist alles krank. Das zinsfreie Geldsystem jedoch führt zu einer VERSTETIGUNG des Kreislaufes, keinesfalls zu einer Beschleunigung desselben.

Einwand 7: In einer zinsfreien Gesellschaft wäre die Verschuldung noch höher als sie es jetzt bereits ist.

Antwort: Unsinn. Eine zinsfreie, umlaufgesicherte, im Wert leicht abnehmende Währung wird sich vor allem wohltuend auf ökologisch wünschenswerte Vorhaben auswirken, ich rede von Solar- und Windkraftwerken und anderen alternativen umweltschonenden Energiesystemen, wie beschrieben in *BUCH DES LICHTS* Band XI. Man braucht da keinen Anstieg der Verschuldung zu befürchten. Man kann immer nur soviel Kredit aufnehmen als beim Geldgeber Überschüsse existieren.

Einwand 8: Dies führt doch aber zu Engpässen bzw. Finanzierungsproblemen.

Antwort: Nein, denn mit den rückläufigen Zinseinkommen nehmen die Arbeitseinkommen zu. Unternehmen können so eigene Einkommen investieren oder Ersparnisse der Beschäftigten, es sei denn, diese reduzierten ihre Arbeitszeiten. In diesem Falle müsste auch weniger investiert werden.

Einwand 9: Und doch wird es in einer zinsfreien Gesellschaft zu einer Kreditschwemme kommen.

Antwort. Wieder nein, denn man muss ja in der von mir vorgeschlagenen zinsfreien Gesellschaft auch weiterhin Sicherheiten für alle Darlehen bieten, was wiederum den Kreis der Kreditwürdigen (wie auch bisher) eingrenzt. Es wird auch keine „kostenlosen Kredite“ geben, wie manche befürchten, denn wie auch heute schon müssen bei Kreditvergabe die Bankvermittlungs- und Risikokosten vom Kreditnehmer getragen werden. Dies rechnet sich zwischen 1-5%, je nach Kreditart und Laufzeit. Die Einführung der von mir vorgeschlagenen umlaufgesicherten Währung würde den Zins auch nicht schlagartig senken, sondern stufenweise, bis sich der Zins dann bei ausgeglichener Kapitalmarktlage um Null einpendelt. Wenn an den Gütermärkten dann die Nachfrage das Angebot übersteigt und die Rückzahlung der aufgenommenen Darlehen in Aussicht steht, dann wird man auch investieren und produzieren.

Einwand 10: Eine zinslose Währung würde eine Flucht bzw. Verlagerung des Geldes ins Ausland bewirken. Es besteht also die Gefahr der Kapitalflucht.

Antwort: Kapitalflucht bedeutet, dass Wirtschaftssubjekte eines Landes Kapitalanlagen im Ausland erwerben. Inländische Währungen werden in Fremdwährungen umgetauscht und man erwirbt damit Auslandsaktiva, z.B. in Form von Bankeinlagen, ausländischen Wertpapieren und Immobilien etc. Dies wäre jedoch nur möglich, wenn das Geld kein „Schwundgeld“ wäre, es also

nicht im Wert durch Hortung stetig abnähme. Eine umlaufgesicherte Währung würde eine solche Hortung aber **verhindern**, da das Geld umso weniger wert wäre, je länger man es hortet oder irgendwo versteckt. Will man das umlaufgesicherte Geld nun z.B. von Euro in Dollar umtauschen, dann wäre ein solches Geschäft ein Verlust für den, der das umlaufgesicherte Geld im Tausch erhält, da das so erworbene Geld ja ständig an Wert verlieren würde, es sei denn, er investiert damit (in Reisen, Käufe oder Investitionen im Euro-Raum). Tut er dies jedoch, dann ist dieses Geld genau da, wo es auch hingehört. Dies wird bewirkt durch eine zinsfreie umlaufgesicherte **im Wert leicht abnehmende** Währung.

Einwand 11: Eine zinsfreie Währung würde zu einer erhöhten Nachfrage nach Dollar führen.

Antwort: Gut so. Dann erhöhen sich auf dem freien Markt entsprechend die Wechselkurse, was zu einer selbstgesteuerten Abbremsung des Booms führen würde. Da ist kein Unterschied zu der Situation von heute, wo ja auch die unterschiedlichen Zins- und Inflationshöhen und -schwankungen durch die Veränderung der Wechselkurse ausgeglichen werden.

Einwand 12: Investoren werden ein zinsfreies Land meiden.

Antwort: Werden sie nicht. Investoren ziehen Länder mit geringeren Zinsen immer vor, da man ja dort günstigere Produktionsbedingungen findet; um wie viel mehr würden sie ein ZINSFREI-

ES Land vorziehen, allerdings NICHT, wenn das Geld nicht zugleich im Wert leicht abnimmt und damit nicht hortbar wird!

DIE SPEKULANTEN sind die Schuldigen, denn SIE verunsichern und belasten Volkswirtschaft und grenzüberschreitenden Handel. Die von Gier erfüllten SPEKULANTEN verursachen die Überentwicklung der Geldvermögen, dann wird keine erwartete Rendite mehr im Bereich der Investitionen gefunden. Die SPEKULATION ist also die sündhafte Volks- und gesellschaftsschädigende Handlung, welche auch die Zunahme liquider Geld- und Guthabenhaltung zur Folge hat. All dies ist von Übel und wäre in einer zinsfreien, umlaufgesicherten Währungsgesellschaft unmöglich.

Einwand 13: Geldhortung findet doch heute gar nicht mehr statt und wäre auch kein Problem.

Antwort: Das stimmt nicht. Die Höhe der dem Wirtschaftskreislauf entzogenen Geldsumme ist erheblich (Sparstrumpf, Bankschließfach, Stilllegung von Milliardenbeträgen in ausländischen Notenbanken, Geldhortung in Inflationsländern, Jungholz-Bank in Österreich, wo man Geld zinsfrei unter Decknamen lagern kann etc. etc). Plötzliche Freisetzung solcher Hortungs-Gelder in Billionenhöhe führen oft zu erheblichen Schwankungen auf dem Geldmarkt (Inflation etc.). Es ist ja das Auf und Ab im allgemeinen gleichgerichteter Zins- und Inflationssätze, welches die Auslöser der Schwankungen in der Geldhaltung sind.

Ein Sinken der Sätze führt zu einem Nachlass der umlaufgesicherten Wirkung und zu einer Zunahme von liquider Geld- (Zurück)haltung. Steigen die Zinsen und Inflationssätze, dann verläuft es umgekehrt. Sinken die Zinsen, sind die Notenbanken gezwungen, mehr Geld auszugeben. Inflation ist die Folge, was man aber oft nicht gleich sieht oder sehen will, weil ja ein Nachfrageboom einer solchen inflationären Entwicklung vorausgeht. Es sind also die Hortungen von zinsbeladenem Geld, welche einen negativen Einfluss auf den Konjunkturverlauf haben. Hämmert es euch ein: GELD IST IMMER SO GUT WIE SEINE UMLAUFGESCHWINDIGKEIT!

Einwand:14: In den meisten Ländern sind die Girokontenbestände doch größer als die Bargeldmenge. Darum spielt doch das Bargeld, welches durch zinsfreie Währung am meisten beeinflusst wäre, keine große Rolle.

Antwort: Dem ist nicht so. Die Bundesbank hat vor einigen Jahren ermittelt, dass 87% aller Zahlungsvorgänge in der Endnachfrage BAR abgewickelt werden und nur 13% per Scheck, Überweisung oder Dauerauftrag. Man muss nur von der Endnachfrage anstatt von der Anzahl der Vorgänge ausgehen, dann ergibt sich ein 60%-iger Anteil von Barkäufen und ein 40%-iger Anteil von Unbarkäufen. Die unbaren Endnachfrage-Verbraucher sind nur mit knapp einem Fünfzigstel an den Umschichtungen auf den Girokonten beteiligt!

ALLERDINGS: Wegen der „Corona - Pandemie“ bieten Handelsketten, Restaurants und Geschäfte verstärkt Kartenzahlungen anstelle von Bargeld an, um Kontakt mit Beschäftigten an den Kassen und potenzielle Übertragungen zu vermeiden.

Nachtigall ick hör Dir trapsen!

Wie kam es aber, auch VOR Corona, und kommt es auch jetzt immer noch zu den riesigen Umsätzen auf Girokonten? Zum einen wird über diese Konten die Mehrzahl der Zahlungs- beziehungsweise Verrechnungsvorgänge im Vorfeld der Endnachfrage abgewickelt (Rohstoffsuche über verschiedene Produktionsstufen bis Groß- und Einzelhandel incl. aller investitionsbezogenen Ausgaben). Zum anderen wird der Großteil sämtlicher Bestands- und spekulativer Anlageumschichtungen an Banken und Börsen über Girokonten abgewickelt. All dies findet aber nur statt, wenn auch jemand da ist (im Laden), der es auch kauft, also am Ende nachfragt (Endnachfrage). Und das wird immer noch überwiegend mit Bargeld getätigt, obwohl das Kartengeld immer weiter um sich greift. Dennoch sage ich: Die mit Bargeld getätigte Endnachfrage ist konjunkturentscheidend. Unbare Abwicklungen betreffen feste, gleichbleibende Beträge (Miete, Versicherung, Steuern etc). Genau dies führt zu einer verstärkten Verlagerung von schwankenden und konjunkturbestimmten Nachfragevorgängen auf die Bezahlung mit Bargeld. ABER: Auch und gerade eine UNBARE Zahlung widerspricht nicht dem hier von mir vorgeschlagenen Geldsystem.

Einwand 15: Eine umlaufgesicherte zinsfreie Währung führt zu Hortung von Goldbarren und anderen Wertgegenständen.

Antwort: Und wenn schon. Dies hätte keine Auswirkung auf die Geldmenge oder den Geldkreislauf. Ein verstärkter Bedarf an Gold und Wertgegenständen würde bestenfalls zu deren Preiserhöhung führen. Wenn schon eine heutige Inflation von über 20% nicht zur Verdrängung des Geldes vom Markt führt, warum sollte dann eine von mir vorgeschlagene Umlaufgebühr von sagen wir mal 6% p. a. dazu führen, wo doch diese Umlaufgebühr wenigstens den Wert des Geldes und der Ersparnisse konstant garantieren kann?

Einwand 16: In einer zinslosen Gesellschaft würde der Gewinn die Rolle des Wachstumsantreibers übernehmen.

Antwort: Nein, und zwar wegen des wahren Unterschiedes zwischen Zins und Gewinn. Der Zins von heute ist eine leistungsLOSE Prämie für die Überlassung von Geld. Dies überträgt sich auf alle wirtschaftlich genutzten Sachgüter. Es ist ja der Knappheitspreis oder Zins, welcher durch Angebotszurückhaltung vor dem Absinken bewahrt wird. Der Zins bezieht sich auf die Kapitalmasse, und die Summe aller Zinsen steigt proportional mit den Investitionen und der Kapitalmasse. Die Rentabilität eines Unternehmens wird heute danach beurteilt, ob dieses Unternehmen, bezogen auf das eingesetzte Kapital, mindestens 6-8% Geldzins erwirtschaftet. Und schließlich: Der Zinsanteil liegt im Preis bei ca. 24%, da die Kapitalmasse im Mittel heute etwa viermal größer ist als der Endumsatz.

Nicht so beim GEWINN: Der beträgt im Preis einen BRUCHTEIL dieser Größe. Der Gewinn, lieber Leser, ist eine leistungsbezogene Prämie für unternehmerisches Risiko und unternehmerische Arbeit, was ja zur Marktbildung anregt. Der Gewinn ist (auch laut Creutz) „ein Knappheitspreis, der sich durch den von ihm ausgelösten Wettbewerb herunterkonkurriert". Die kalkulatorische auf den Umsatz bezogene Größe des Gewinnes kann erst am Jahresende ermittelt werden. Die Investitionen und die damit verbundene Marktsättigung führt zu einem relativen Rückgang der Summe aller Gewinne. Und schließlich ist ein Unternehmen wirtschaftlich, wenn es bezogen auf den Umsatz ein bis zwei Prozent Gewinn herausholt. Man bedenke: Der Kapitalmarktzins hat eine „magische Untergrenze", welche (mit ganz geringen Ausnahmen) die 6% nie unterschritten hat, nicht einmal 1986 bei Null Inflation (heute über 20%) Die heutigen Marktmieten werden von der Kapitalverzinsung beherrscht. Die Kostenmieten für Sozialwohnungen fordern einen Zinsanteil von sogar 70-80%. Dies ist auch auf die horrenden Bodenpreise in der Citylage zurückzuführen, die ja ebenfalls verzinst werden müssen. Diese

Bodenkapitalverzinsung liegt im Extremfalle über der Baukostenverzinsung. Man bedenke weiter: In der Bundesrepublik gibt es 82 Milliardäre mit einem Gesamtvermögen von etwa 100 Milliarden Euro. Bei 6% Verzinsung verdienen diese Herrschaften etwa 5 Milliarden Euro im Jahr, also etwa pro Tag ein zinsbedingtes LEISTUNGSLOSES Einkommen von etwa 20.000 Euro. Um dieses zinsbedingte Schmarotzerleben für Deutschlands Milliardärsfamilien zu ermöglichen, müssen 1,3 Millionen Beschäftigte täglich knapp drei Stunden mehr arbeiten als es ihren eigenen Erfordernissen entspricht. Man lese nur dies: Anstieg der Wertschöpfung im Unternehmenssektor von 1960-2020 = über 10-fache. Verschuldung = inkl. ZINSZAHLUNGEN für die Verschuldung über das 100-fache. Lieber Leser, es gab zwischen 1979 und 1982 eine Hochzinsphase. Da hat die Bundesbank die Banknotenmenge von 79,4 auf 88,6 Milliarden Mark vermehrt, also um 9,2 Milliarden Mark (13%). Das nominelle Bruttosozialprodukt stieg in diesen drei Jahren um 14%.
Zwischen 1985 und 1988 hatten wir eine NIEDRIG-Zinsphase. Da nahm das nominelle Bruttosozialprodukt um 15% zu und die Bundesbank musste die Geldmenge aufgrund der überhöhten Nachfrage nach Liquidität von 105 Milliarden auf 151 Milliarden Mark ausweiten, also um 46 Milliarden Mark (44%). Aber das Wirtschaftswachstum hätte nur eine Ausweitung um 15%, also 16 Milliarden Mark erfordert. Da wurde zuviel Geld

erzeugt, 30 Milliarden Mark zuviel. Dieses Geld kam nicht in den Umlauf. Wenn die Bundesbank also von „umlaufender Geldmenge“ spricht, dann lügt sie oft. Es handelt sich hierbei lediglich um eine „herausgegebene Geldmenge“. Umlaufen tut sie darum noch lange nicht. Eine stabilitätsgerechte Steuerung der Geldmenge ist nur möglich, wenn es gelingt, die herausgegebene Geldmenge mit der umlaufenden Geldmenge in Übereinstimmung zu bringen, und dies ist eben nur möglich in einer zinsfreien Wirtschaftsordnung.

Wir sehen hier ganz klar, dass im Vergleich zum Zins der GEWINN die „moralischere“ Einheit ist, darum kann er gar nicht als Wachstumstreiber gesehen werden. Dies sollte doch einen WIRKLICHEN leistungsorientierten Unternehmer eher motivieren als ein leistungsloser Zinsverdienst. Der Gewinn tendiert ja bei dem jetzigen zinsbeladenen Währungssystem eher gegen NULL mit zunehmender Sättigungsentwicklung des Marktes. Es ist also DER ZINS, welcher ein ungesundes krebsartiges Wachstum antreibt. Außerdem: Die heutigen angeblichen Niedrigzinsen werden die Mieten in die Höhe treiben.

Einwand 17: Amerika ist der beste Beweis dafür, dass eine zinstragende Währung die stärkste Nation auf Erden erschuf.

Antwort: Eine dümmere Argumentation ist kaum möglich. Die USA sind die größte Schuldnernation der Welt, und zwar aus (unter anderem) folgenden Gründen: Die Hochzinspolitik zu Beginn der Reagan-Ära zog einen derartigen Überfluss von Geld aus aller Welt an, dass man die Forderungen der ausländischen Kreditgeber nur durch eine zunehmende Inflation und drastische Abwertung befriedigen konnte. 15% Zinssatz waren der gängige Zinssatz zu Beginn dieser Hochzinsphase, da hätten die USA bereits nach 5 Jahren das Doppelte des geliehenen Betrages an ihre ausländischen Investoren zurückzahlen müssen. Wenn George Bush jetzt seine Muskeln gegen Saddam Hussein spielen lässt, dann tut er dies unter anderem auch, um von solchen Missständen abzulenken.

Einwand 18: Das von Lanoo vorgeschlagene zinsfreie Geld ist zu kompliziert.

Antwort: Man unterschätzt hier wohl die Intelligenz der Menschen. Sie werden sich an diese Währung gewöhnen.

Einwand 19: Man wird Wege finden das zinsfreie umlaufgesicherte Geld (ZUG) zu umgehen. Der Warenhändler wird den Schwund auf die Waren aufschlagen und der Reiche wird sich auf sein Postscheckkonto flüchten.

Antwort: Der Besitzer wird nur eines wollen, das Geld so schnell wie möglich loswerden bzw. in Umlauf zu bringen oder es zinsfrei zu sparen, denn auf der Bank verliert das Geld natürlich nicht seinen Wert.

Einwand 20: Man wird die neue Währung dazu benutzen, Gold und Edelmetalle zu kaufen, um dem Geldschwund zu entgehen.

Antwort: Sollen sie doch. Damit schaden sie niemandem. Der Kauf von Gold und Edelsteinen wird allerdings erhöhend auf den Preis wirken. Vermehrte Nachfrage und Kauf und damit verbundene Produktion wird den Preis drücken. Wer dann das Gold etc. wieder verkaufen möchte, wird eine Wertminderung in Kauf nehmen müssen, die leicht den natürlichen Schwundsatz übersteigen könnte. Das Hamstern von Waren in einer zinsfreien umlaufgesicherten Gesellschaft erweist sich so kostspieliger und umständlicher als das zinsfreie Aufbewahren des Geldes im Sparbuch. Wie dem auch sei, ein Hamstern von Waren schadet in einer zinsfreien Gesellschaft trotzdem niemandem.

Einwand 21: Das zinslose Geld trifft Arm und Reich ungleich. Der Reiche wählt den bargeldlosen Verkehr, der Arme kann das nicht.

Antwort: Das stimmt nicht. Durch das zinsfreie Geld erreicht man eine Verdopplung aller Arbeitseinkommen. Außerdem ist der bargeldlose Zahlungsverkehr durchaus nicht kostenlos. Der Reiche kann nur dem Schwundsatz entgehen, indem er Waren kauft und damit Arbeit gibt oder selber etwas unternimmt und Arbeit gibt, das Geld anlegt und Arbeit gibt. Was auch immer der Reiche mit dem zinsfreien Geld tut, er gibt Arbeit. Dies wiederum erhöht die Löhne, belässt den Zins auf Null und verhindert die Ausbeutung der Arbeitenden.

Einwand 22: Mit der Einführung der von Lanoo vorgeschlagenen Zinsfreien Umlaufgesicherten Geldwährung (ZUG) tritt ein plötzliches Steigen der Warenpreise ein.
Antwort: Dem muss man entgegenwirken, indem man die Menschen darauf aufmerksam macht, dass es unsinnig wäre, höhere Preise zu zahlen, vor allem dann, wenn man eine feste Währung benutzt.
Einwand 23: Wie steht es mit dem Kleingeld? Unterliegt es ebenfalls dem Schwund? Und wenn nicht, wird man es dann nicht hamstern?
Antwort: Das Kleingeld unterliegt dem Schwund nicht. Das Horten von Kleingeld wird durch gesetzmäßige Androhung von Einzug von Kleingeld mit 20% Wertverlust verhindert. Dies hält das Kleingeld in Umlauf, da jeder befürchten muss, dass die Ausgabestelle jederzeit den Wertverlust von Kleingeld ausruft.
Einwand 24: Das jetzige Steuersystem würde eine Einführung der zinsfreien Währung unmöglich machen.
Antwort: Darum muss man das jetzige Steuersystem ändern. Man darf nicht mehr die Einkommen besteuern, sondern die Produkte.
Einwand 25: Die Reichen und Mächtigen in diesem unserem Lande werden NIEMALS einer zinsfreien Währungsreform zustimmen, da ihnen ja dadurch zinsbedingte leistungslose Einnahmen verloren gehen.

Antwort: Dann muss man die Reichen und Mächtigen darüber aufklären, dass sie auf dem Ast eines kranken Baumes sitzen, an dem sie selber sägen. Wenn sie das nicht erkennen, werden sie es wohl auf schmerzhaftere Weise (Revolution) erfahren müssen. Den Reichen und Mächtigen, die dieses Buch lesen, sage ich: „Hört gut zu. Entscheidet euch für eine zinsfreie umlaufgesicherte Währung! INVESTIERT in eine zinsfreie im Wert leicht abnehmende Währung und euer Gewinn wird groß sein, moralisch UND finanziell. Dann könnt ihr nachts mit ruhigem Gewissen schlafen, denn ihr habt der Natur und ihren Lebewesen Gutes getan und braucht dennoch nicht auf Gewinn zu verzichten!"
Es gibt allein heute über zehn Billionen Dollar, die um den Erdball zirkulieren auf der Suche nach gewinnbringenden Anlagemöglichkeiten. Geldknappheit ist also nicht das Problem, es fehlt nur an vernünftigen Investitionsmöglichkeiten im gegenwärtigen zinsbeladenen und leider hortbaren Geldsystem. Soziale und ökologische Projekte (die ja auf lange Sicht auch den Kindern der Reichen dienen), die heute bei dem zinsbeladenen Geldsystem nicht durchführbar sind, weil sie sich „nicht rechnen", wären mit zinsfreiem Geld leicht durchführbar. DA ist dann die Möglichkeit für Investoren, Geld, ZINSFREIES, umlaufgesichertes Geld (ZUG) anzulegen, welches keine Zinsen bringen würde, dafür aber GEWINNE. Keine In-

flation würde eine solche Entwicklung beeinflussen oder hemmen.

Einwand 26: Der Koran verbietet das Nehmen von Zins, und doch ist die Kluft zwischen Arm und Reich wohl nirgends so groß wie in islamischen Ländern.

Antwort: Das ist so, weil der Islam das zinsfreie Geld nicht auch noch UMLAUFGESICHERT macht, das heißt, wie in diesem Buch vorgeschlagen, die Hortung des Geldes durch Wertschwund verhindert. DARUM nehmen die muslimischen Geschäftsleute zwar keinen Zins, gleichen dieses durch Allah selbst verlangte Opfer aber wieder mit extrem hohen Gewinnmargen aus. Und darum sind islamische Länder auch - trotz zinsfreiem Geld - hoch verschuldet. Hier ist in der Tat der GEWINN zu beschuldigen und nicht der Zins. Man kann eben nicht auf einem Bein dahinhumpeln, und selbst wenn, dann nur sehr schlecht. Zinsfreies Geld ist nur voll wirksam, wenn es auch mit der Zeit SO WIE DIE WARE einem natürlichen Verfall unterliegt. All dies und eine Bodenrechtsreform würde alle ökologischen und ökonomischen Probleme in der Welt lösen.

Einwand 27: Eine zinsfreie Währung führt zu Wachstumsstillstand und damit zum Rückschritt.

Antwort: Der Leser möge sich die Antwort nach dem folgenden selbst geben: JEDER Wachstumsprozess, der natürlich und gesund ist, stabilisiert sich irgendwann einmal. Das Kind wächst zum Erwachsenen heran, und dann tritt eine Stabilisierung ein. Nur eine Krebszelle wächst ungehemmt und ist darum ja auch das Symptom für Krankheit. Diese Wachstumsregel gilt natürlich nicht nur für die Natur und alles Leben auf Erden, sondern auch und vor allem für die Wirtschaft. Wo fast nichts ist, da kann auch noch was wachsen, wie zum Beispiel nach Kriegen, Katastrophen etc., doch irgendwann kommt es mal zu einem wirtschaftlichen Sättigungsgrad und zu einer Abnahme des Wachstumstempos. Es ist dies jedoch keinesfalls eine Stagnation oder ein Rückschritt, ja es ist sogar sehr wohl eine Steigerung des materiellen Wohlstandes möglich durch Anhäufung langlebiger Güter, Verlagerung von Arbeitsplätzen aus gesättigten Bereichen in Zusatz von Güterproduktionen, aber auch durch Arbeitskonzentration in technischen Bereichen, was zur Möglichkeit führt, mehr oder bessere Güter zu erzeugen. Lieber Leser, auch ohne Wirtschaftswachstum ist entweder eine langsame Steigerung des Wohlstandes möglich oder aber, wenn der Wohlstand gleich bleibend ist, eine ständige VERRINGERUNG von Produktion und Arbeitszeit (der Mensch ist mehr als nur ein Arbeitstier), denn das meiste von dem, was von Menschen an Arbeit in den letzten Jahrzehnten geleistet wurde, war - meiner Meinung nach - überflüssig und schädlich.

Einwand 28: Eine zinsfreie Gesellschaft kann nicht die Umweltprobleme lösen.

Antwort: Kann sie doch. Zwar hat ein Null-Zins keinen direkten Einfluss auf die Umweltproblematik, eine zinsfreie Währung würde jedoch den Wachstumsdruck in der Wirtschaft verringern, denn es ist ja das von allen Politikern so sehr beschworene WACHSTUM und der damit verbundene Wachstums - DRUCK in der Wirtschaft, der einen immer größeren Ressourcenverbrauch (Extremvernichtung der Regenwälder im Amazonas, Rohstoffvernichtung etc. etc.) geradezu erfordert und damit die Umwelt extrem belastet. Wir bräuchten dann kein behindertes Kind wie Greta Thunberg, das uns vorschreiben will, was wir zu tun oder zu lassen haben.
Heutzutage einen Kredit für ökologische Investitionen aufzunehmen, bedeutet gewöhnlich wirtschaftlichen Verlust. Diese so notwendigen Investitionen würden sich aber oft selbst tragen, würden der Zins und die Hortbarkeit des Geldes entfallen. Nehmen wir doch mal als Beispiel die Investition in einen Sonnenkollektor zur Warmwasseraufbereitung. Eine solche Investition ist heute nicht ratsam, weil da nur 2% Prozent Rendite auf das investierte Geld zu erwarten sind. Wer sein Geld da für 7% auf der Bank liegen lässt, ist 5% besser dran. Unter betriebswirtschaftlichen Gesichtspunkten wäre eine solche Investition in Sonnenkollektoren (aber auch Wasserstoff Energie etc.) also nicht ratsam. Es wäre aber langfristig ÖKOLOGISCH und VOLKSWIRTSCHAFTLICH sinnvoll. Eine umlaufge-

sicherte zinsfreie Währung (ZUG) jedoch würde solche Investitionen rechtfertigen und möglich machen, denn das eingesetzte Kapital muss jetzt nur mit einem stabilen Geldwert konkurrieren und nicht mit wild gewordenen Zinsen. Eine umlaufgesicherte zinsfreie Währung würde dem Menschen den Zwang nehmen, zu viel zu produzieren und zu konsumieren, weil es nicht mehr notwendig wäre, auf Kapital eine hohe Rendite zu erwirtschaften. Dann würde der wirklich gesunde Bedarf erwachen, dem sich dann das Wirtschaftsvolumen leicht anpassen könnte. Die Folge: Senkung der Preise um durchschnittlich 30-50% (also der Anteil, den jetzt etwa die Zinsen kosten). Dann brauchten alle Menschen, die NICHT von Kapitalerträgen leben (also etwa 90% der Bevölkerung), nur noch zwei Drittel oder gar die Hälfte der Zeit arbeiten und würden dennoch den jetzigen Lebensstandard erhalten.

Man kann es gar nicht oft genug wiederholen: Der zunehmende zinsbedingte Konjunkturdruck verführt immer mehr Firmen der reichen Länder, sich durch Ausbeutung von Rohstoffen, Leerfischen der Ozeane, ausbeuterische Bebauung des Ackerlandes und dessen unvernünftige Nutzung als Weideflächen zur Viehzucht usw. Kostenvorteile zu verschaffen.

Das Resultat: Katastrophen wie unsere „Jahrhundertflut" etc. Doch selbst wenn es in unserer Wirtschaft KEIN Wachstum geben würde, selbst bei rückläufigen Leistungen hätten wir immer noch unter dem Rohstoff- und Energieverschwendungsproblem und dem Dilemma seiner Folgen zu leiden. Genau darum muss eben die Umwelt mit einem Preis versehen werden. DANN macht Ökosteuer Sinn, aber nur im Verbund mit zinsfreier Währung. Das durch die umlaufgesicherte Währung stabilisierte Geld muss intensiv in neue Energietechniken investiert werden, wobei die Atomkraft nur eine davon ist. Der Leser mag jetzt schmunzeln, aber ich weise dennoch darauf hin, dass der ÄTHER der Luft, aber auch Umkehr der elektromagnetischen Pole in schweren Lasten, Wasserstoff Energie, Neutrinos etc. sowie andere im *BUCH DES LICHTS* erwähnte alternative Energietechnologien möglich sind. Die Natur kann man nicht ungestraft ausnutzen oder ausbeuten, aber man kann sehr wohl mit ihr zusammenarbeiten. Ohne die in diesem Buch angeregte Bodenrechtsreform ist eine wirksame Zusammenarbeit mit der Natur jedoch nicht möglich. Ohne die Beseitigung des Wachstumszwanges macht auch eine Ökosteuer keinen Sinn, sondern stellt nur eine zusätzliche Belastung dar. Wachstumszwang ist Wahnsinn.

Außerdem lehrt *DAS BUCH DES LICHTS*: Wir sind nicht hier, um zu bleiben, sondern um zurückzukehren zur Quelle allen Seins. OM. Man bedenke: Schon ein vierprozentiges Wirtschaftswachstum in 18 Jahren führt zu einer VERDOPPLUNG unseres heutigen Produktions- und Verbrauchsvolumens, verbunden mit deren negativen Folgen. Wir müssen also die Ursachen des Wachstumszwanges überwinden und krisenfreie Wirtschaftslagen OHNE Wachstum möglich machen, dann und nur dann können wir die Umwelt und damit den Menschen noch retten.

Einwand 29: In einer zinsfreien Gesellschaft wird die Zahlung von Steuern ein Problem.

Antwort: Wohl kaum, denn jetzt wird der Steuerzahler seine Steuer sogar gleich als ERSTES zahlen, denn wenn er damit warten würde, dann würde er ja nur eine kontinuierliche Entwertung seines Geldes riskieren.

Darum, lieber Leser, würde die Einführung des Zinsfreien Umlaufgesicherten Geldes (ZUG) folgendes verursachen:

1. Rückgang des übersteigernden Wachstums der Geldvermögen und damit auch Rückgang der Staatsverschuldung.
2. Verringerung der Diskrepanz zwischen Arbeit und Besitz, Verringerung der sich heute mehr und mehr ausweitenden Lücke zwischen Arm und Reich, was wiederum die sozialen Spannungen beenden würde.
3. Rückzahlbarkeit und Tragbarkeit aller Schulden, auch jene der Dritten Welt.
4. Beendung der Verarmung der Arbeitsleistenden durch die Beendung des Zwanges zum Wirtschaftswachstum. Ich sage es ge-

rade heraus: Jeder Politiker, der nach mehr Wachstum in der Wirtschaft ruft, hat seine fünf Sinne nicht mehr ganz beisammen und stellt geradezu eine Bedrohung für die Umwelt und für die Menschen dar. Möge dieses Buch jene verwirrten „Volksvertreter“ zur Vernunft bringen.

5. Bestimmung der Wirtschaftsentwicklung durch den Menschen selbst und NICHT durch die Zins-Interessen des Kapitals.
6. Die Ermöglichung einer Wirtschaft ohne Wachstum

Darum stimme ich John Maynard Keynes zu, wenn er schreibt: „Immer dann, wenn es in der ökonomischen Realität anders angeht, als es die Modelle der Wirtschaftslehrbücher vorschreiben, sollten die Ökonomen nach den MONETÄREN Ursachen der Krisen fahnden.“

Ich schließe dieses Kapitel mit den Worten von Hans Christoph Binswanger:

„99 Prozent der Menschen sehen das Geldproblem nicht. Die Wissenschaft sieht es nicht, die Ökonomie sieht es nicht, sie erklärt es sogar als nicht existent. Solange wir aber die Geldwirtschaft nicht als Problem erkennen, ist keine wirkliche ökologische Wende möglich.“

MEIN VORSCHLAG ZUR FINANZIERUNG DES WIEDERAUFBAUS DES VON DER FLUT BETROFFENEN LANDES SACHSEN

unter Verwendung von „Notgeld“ bzw. des von mir beschriebenen Zinsfreien Umlaufgesicherten Geldes, hier kurz ‚ZUG’ genannt.

Experten müssen berechnen, wie viel Geld zum Wiederaufbau notwendig ist (z.B. 3 Milliarden Euro). Die Bundesbank druckt als Soforthilfe-Maßnahme z.B. 3 Milliarden ZUG-Scheine (normale Euro-Scheine, jedoch mit dem Stempel des Ausgabedatums versehen) und gibt sie als zinsloses nicht rückzahlbares Darlehen an das Land Sachsen. Man könnte auch Banknoten in verschiedenen Farben, Serien und Größen drucken, von denen eine Serie ein oder zwei Mal im Jahr ohne Vorankündigung eingezogen wird. Lieber Leser, dies sind nur Vorschläge für verantwortungsvolle Banker. Man kann hier variieren, wichtig ist nur eines: DAS GELD MUSS ZINSFREI SEIN UND MUSS WÄHREND SEINER EINJÄHRIGEN LAUFZEIT AN WERT VERLIEREN!

Um dieses Gesetz oder um diese Voraussetzung herum sind alle Banker aufgerufen, ihre Fantasie spielen zu lassen, doch diese EINE Voraussetzung muss erfüllt werden.

Die ZUG – Scheine werden nun in Umlauf gebracht als Lohn für Arbeiter, Angestellte, Beamte etc. Andere Möglichkeit, um den Wertverlust des Geldes zu sichern: Bei Ausgabe wird die Note mit einem Verfallsdatum (einjährig) gegen 6% Gebühr bedruckt. Läuft die Zeit ab und ist die Note noch nicht umgetauscht, dann werden die 6% fällig. Man bekommt dann eine neue Note oder einen neuen Verfallsaufdruck auf die alte Note und das Spiel beginnt von Neuem. Kommt jemand z.B. mit einem abgelaufenen Schein zum Kaufmann, kann der ihm 6% abziehen oder zumindest einen Teil der Gebühr verlangen und aushandeln, wenn der Schein fast abgelaufen ist. Das hängt davon ab, wie sehr der Kaufmann darauf erpicht ist, das Geschäft zu machen. Lieber Leser, die Umtauschgebühr bricht die Vormachtstellung des Geldes, und Käufer und Verkäufer stehen einander nun ohne Vorteil oder Nachteil ebenbürtig gegenüber. Der notwendige Wechselkurs wäre einfach machbar. Weil niemand das „Notgeld“ oder die ZUG-Scheine horten würde, würde sich der Wechselkurs nur geringfügig ändern. Es wären nicht mehr als die 6% Umtauschgebühr. Der Umtausch vom Notgeld oder ZUG-Schein zum „normalen“ Geld kann jederzeit erfolgen. Allerdings bezweifle ich, dass nach dem erfolgreichen Sachsen-Modell noch irgendjemand am Euro, wie er heute ist, interessiert sein wird. Weil umlaufgesichertes Geld mehr als zehn Mal so schnell wie das jetzige Geld ist, braucht man auch nur 10% der bisherigen Bargeldmenge. Dadurch wird auch Giralgeld nahezu bedeutungslos,

weil es ja sogar jetzt schon nur etwa ein Zehntel der Umlaufgeschwindigkeit von Bargeld hat. Im Falle einer Deflation des zinsbelasteten NICHT umlaufgesicherten Geldes würde dann (hoffentlich) das ZUG oder das zinsfreie umlaufgesicherte Geld den Markt übernehmen.
Vom Tag der Ausgabe an verlieren die ZUG-Scheine konstant an Wert (0,5 % pro Monat), was zur schnellen Wiederausgabe des Geldes führt.
Dieser konstante und schnelle Umlauf des „Notgeldes“ füllt die Gemeindekassen und ermöglicht weitere Lohnzahlungen und Instandsetzungsarbeiten bzw. den Wiederaufbau Sachsens. Das so schnell umlaufende Geld wird viele Male durch die Kassen des Landes und der Gemeinden fließen und auf diese Weise Steuern einbringen.
Es ist hierbei auch nicht die ausgegebene Geldmenge, sondern die rasche Umlaufgeschwindigkeit des ZUG (Zinsfreies Umlaufgesichertes Geld). Darum sind meiner Meinung nach sogar viel weniger als 3 Milliarden Euro zinsfreies Geld zum Wiederaufbau Sachsens notwendig. Die Geldmenge wird mehr oder weniger gleich bleiben, dies wird verursacht durch den schnellen ungehinderten GeldUMLAUF. Ein Beispiel: Das Wasser der Meere ist ja auch immer etwa dieselbe Menge. Nur so wird ein gesicherter Umlauf garantiert. Selbst wenn man die Regenmenge einberechnet, die ja nichts anderes ist als von den Meeren und Flüssen kommender verdunsteter und wieder zu Wasser verdichteter Niederschlag. Wie

das Wasser in Meeren und Flüssen auf der und um die Erde fließt und umläuft und von gleicher Menge ist, so sollte es auch mit unserem Geld sein. Wenn man aber die von der Natur gewollten Flüsse in ihrem Lauf hemmt und begradigt etc., wie dies ja auch in Sachsen und anderswo geschehen ist, dann braucht man sich nicht zu wundern, wenn es Stauungen und Überschwemmungen gibt. So ist das auch mit unserer Geldwirtschaft. Wenn diese durch störenden Zins „begradigt" und in ihrem Lauf bzw. Umlauf gestört wird, dann gibt es entweder Geldüberschwemmungen oder Geldknappheit (Trockenheit). Die Natur ist der beste Lehrmeister. Man muss nur die Augen aufsperren.
Sogar wenn das Land Sachsen SELBST eine Sicherheit in Form von normalem Geld für das neugedruckte Notgeld oder die Zug-Scheine zahlt bzw. einen zurückzubezahlenden Kredit aufnehmen würde, der das ZUG-Geld abdeckt, selbst dann wäre diese Aktion noch erfolgversprechender als alle jetzigen Lösungen, die ja doch nur das Land und deren Menschen in eine höhere Verschuldung treiben.

WILL DIESES BUCH DENN NIEMALS ENDEN?

Lieber Leser, dies ist ja nicht unbedingt ein Buch, welches nur zur Unterhaltung dienen soll, sondern sein Inhalt geht tiefer. Sehr tief sogar. Je mehr ich schreibe, umso mehr werde ich mir der Verantwortung bewusst, die ich hier trage. Die Aufgabe dieses Buches ist es ja, unsere Gesellschaft, ja die WELT zu verändern, so blauäugig und pathetisch dies auch klingen mag. Da riskiere ich es lieber, mich zu wiederholen, bin aber dann sicher, dass auch jeder Aspekt - die zinslose Gesellschaft betreffend - beleuchtet wird. Darum möchte ich noch folgendes betonen:

Die Grundlage einer zinslosen Gesellschaft, eines zinslosen Währungssystems, ist die Anpassung der Geldmenge an die zu produzierende Warenmenge. Statt Zins zu zahlen schlage ich nun vor, eine Nutzungs- oder Rückhaltegebühr auf das zinslose Geld zu zahlen. Ansonsten sind Banken nur verwaltende Durchlaufposten und sonst gar nichts. Sorry, lieber Banker, aber die Zeiten der Ausbeutung von Sparern und der Milliardengewinne durch Zinserzwingung wären dann natürlich vorbei. Aber in einer Dreizimmerwohnung lebt sich's doch auch ganz gemütlich, oder? Muss ja nicht immer eine Jacht an der Cote d' Azur und ein Privatjet mit eigenen Flughafen vor der Traumvilla sein, oder??

Keine Angst, lieber Leser, auch in einem zinsfreien umlaufgesicherten Währungssystem können Sie immer noch Millionär werden. Zinsfreiheit schließt Gewinn nicht aus.

Somit wird das zinslose bzw. zinsfreie Geld auf seine Funktion als Tauschmittel beschränkt, wobei es nur dann einer Entwertung unterliegt, wenn es zurückgehalten wird. Sparen kann man also, wie gesagt, das zinslose Geld natürlich auch. Man bringt es zur Bank, die es dann wieder verleiht und damit in Umlauf bringt. Wer sich nun dieses Geld leiht, der zahlt eine Bearbeitungsgebühr, die ja auch heute schon 0,7–1,5 Prozent beträgt. Als gegenseitiger Kredit auf alle Waren und Leistungen geht nun das Geld aus der Volksallgemeinheit hervor. Die Benutzung dieses Geldes ist das Recht eines jeden, was nicht bedeutet, dass jeder immer die gleiche Summe zur Hand hat. Jeder wird sich nur soviel Geld borgen, wie er wirklich braucht, um zu produzieren und um seine Produkte auf dem freien Markt zu verkaufen. Der Preis dieser Produkte und Waren richtet sich wie auch heute nach Angebot und Nachfrage. Weil es nun aber unter dem NEUEN zinsfreien Währungssystem keine Möglichkeit mehr gibt, die Wirtschaft unter Zurückhaltung des Geldes unter Druck zu setzen und Monopolzinsen zu erzwingen, muss DAS GELD sich jetzt dem Rhythmus der Wirtschaft anpassen. Es muss sich selbst anbieten, um einem Verlust zu entgehen (das heißt, das Kapital dient uns und nicht wie bisher wir dem Kapital). Vielleicht hat Marx DIES wirklich gemeint und gewollt in seinem Werk DAS KAPITAL, es ist aber leider nicht bzw. nur im Ansatz daraus ersichtlich gewesen.

War zuvor der Zins ein privater Gewinn, ist die von mir vorgeschlagene Nutzungsgebühr eine öffentlich-rechtliche Angelegenheit. Um die Beziehungsgröße zwischen Geld- und Marktvolumen zu erhalten, MUSS das Geld wieder in den Umlauf zurückkehren. Die Nutzungsgebühr wird nun zu einer Einnahmequelle des Staates und entlastet somit die Steuerlast des Einzelnen. Leistungslose Einkommen und das Anwachsen großer Vermögen aufgrund hoher Zinssätze würde es dann in einer zinsfreien Gesellschaft nicht mehr geben. Ich nenne ein Beispiel für die ungerechte Zinslastverteilung von heute: Das Volk zahlt im Durchschnitt 5% Zinsen, aber das ist für etwa 5% der Bevölkerung, also für alle Beinahe-Millionäre, ein prima Geschäft, weil sich im Falle der Aufaddierung der Zinsen ihr Vermögen alle 14 Jahre ohne Arbeit verdoppelt. Wie sieht das nun für die restlichen 95% „arme Schweine" aus? Da bedeutet es die regelmäßige Einbuße von 30-50% ihres Lohnes, was es ihnen fast unmöglich macht, selber ein Vermögen zu ersparen. Ich verweise auf die Wirtschaftsanalysen von Helmut Creutz, die Vermögensverteilung und Zinsbelastung, die Firma BRD betreffend. Da zeigt es sich ganz klar, dass das heutige Geldsystem in sich eine Tendenz zur Konzentration hat, welche mathematischen Gesetzen folgt. Mit anderen Worten: Die Reichen werden reicher und die Armen werden ärmer, und das bei gleichem Zins, was zur Folge hat, dass die Gewinne der Reichen durch die Verluste der Armen bezahlt werden. Wer solch ein System erfunden oder vorgeschlagen hat, muss ein echter Teufel gewesen sein.

All diese Kapitalkosten entfallen natürlich in dem von mir vorgeschlagenem zinsfreien Währungssystem. Wie steht es nun um die Tilgung der bei der Bank geborgten Summe? Ganz einfach: Man zahlt etwa 1% Bankgebühr und Risikoprämie sowie die Tilgung. Die Rückzahlung wird in Raten gezahlt, je nach Vertrag. Baut nun jemand für andere, dann sollte er sich absichern, dass sein Geld auch abgedeckt ist durch die Mieteinnahmen. Auf diese Weise werden grad so viele Häuser gebaut, wie nötig sind, DER BEDARF entscheidet hier das Warenvolumen. Wir bedürfen zu viel. Wir wollen Dinge, die wir gar nicht brauchen, die uns nur kränker machen. *DAS BUCH DES LICHTS* weist uns den Weg in eine bedürfnislosere, aber glücklichere Welt.
Da die durch den heutigen Zins erforderliche hohe Kapital-Rendite bei meinem ZUG System entfällt, entfällt auch der Zwang zu produzieren und abzusetzen. Um denselben Lebensstandard zu erhalten, bräuchte jeder nur halb soviel zu arbeiten. Warum? Weil ja die Hälfte aller Warenkosten im heutigen Warensystem DIE ZINSEN bzw. die Kapitalkosten sind, die nun entfallen. Ein weiterer Grund für weniger Arbeitszeit bei gleichem Lebensstandard wird sein, dass mit der Einführung einer Gebühr oder „Ausgleichsabgabe auf Liquidität" (siehe Suhr) die Qualität der Waren ansteigt und damit der heutige in die Ware EINGEBAUTE Verschleiß und Wertschwund entfällt, denn es ist ja heute eben dieser Wert-

schwund, der dafür sorgt, dass sich Investitionen rentieren und Kapitalüberschüsse produziert werden.
Wie sieht es nun für den Umweltschutz aus? Greta, Mädel, lies das Folgende! Auch den Umweltschutz betreffend ist mein zinsfreies Geldsystem von Vorteil, weil die in den Umweltschutz investierten Gelder dann nicht mehr mit dem bzw. gegen den Zins kämpfen müssten. Die Geldreform per se von zinsbelasteter in zinsfreie Währung und Gesellschaft kann, wie hier vorgeschlagen, durch Volksentscheid und Gesetzesänderung geschehen oder aber auch durch allgemeine Einführung von Girokonten, von welchen man dann automatisch Rückhaltegebühren abbucht, dem fallenden Wert des Geldes entsprechend. Die Institutionen und die Logistik sind bereits da, man muss sie nur anwenden bzw. umfunktionieren. Ansätze dieser Art werden vielleicht zunächst scheitern, wegen der staatlichen Interessengegensätze, aber auch einfach wegen der UNWISSENHEIT der Initiatoren, die technische und organisatorische Durchführung betreffend. Da hilft nur eines, sich dieses kleine Buch immer und immer und immer wieder durchzulesen, bis der (hoffentlich zinsfreie) Groschen gefallen ist.

Man sollte also GANZ NEU anfangen und mit dem Aufbau neuer Städte auch gleich ein neues Währungssystem hinzuzufügen, nämlich

DAS ZINSFREIE UMLAUFGESICHERTE WÄHRUNGSSYSTEM.

So, jetzt ist das Buch aber wirklich zu Ende. (Es sei denn, es wird nötig, einen Band II als Fortsetzung davon zu schreiben....).

Ihr Lanoo (Christian Anders)

Song aus dem Christian Anders Album
„GANZ ANDERS“ (Koch Universal)

DER HAI

Text und Musik: Christian Anders

Ich trage Boss und ein Toupet, hin und wieder schnupf ich Schnee
Ich bin cool und so korrupt, es gibt nichts was mich stoppt auf dem Weg nach oben
Ich bin der Hai
Ich verschiebe Akten hin und her, Lug und Trug fällt mir nicht schwer,
Ich will mehr, mehr, mehr.

Der Dax geht rauf, der Dax geht runter, mich stört's nicht, ich bleib immer munter,
Ich weiß Bescheid, kenn den Schwindel, ich scher mich nicht um das Gesindel,
meinetwegen soll'n die bluten, ich bleibe cool, reg mich nicht auf,
der kleine Mann zahlt immer drauf
Ich hab die Macht und ihr seid nur das Pöbelpack, ich bin der Hai.

Ihr wolltet mich, habt mich gewählt, doch dabei habt ihr euch verzählt,

denn ich hatte nur eins im Sinn, ist da auch genug für mich drin?
Ich saug euch aus und schmeiß euch weg, wie's euch dann geht stört mich ´nen Dreck,
ich spekulier mit euren Renten und weiß genau wie das mal endet,
ich hab die Kohle, ihr habt nichts, so macht es Spaß, so plante ich's.

Ihr seid nur kleine Arbeitsmaden, wo ich nur kann will ich euch schaden,
ich bin der Herr, ihr seid das Pack, ich steck euch alle in den Sack,
ich mach euch fertig, saug euch aus, ihr seid das Blut, ich bin die Laus,
ich fress mich fett und rund und dick, dem kleinen Mann bleibt nur der Strick.

Deutschland ist pleite, wir sind am Ende, der Hai reibt sich vergnügt die Hände,
da kann ich manchmal schon versteh'n, wie Leute auf die Barrikaden gehen,
sie werfen Bomben, rufen „Du Schwein", doch der Hai, der grinst: „Ich sperr euch ein!"
Ich hab die Macht, ich hab das Geld, ich bin der Herrscher dieser Welt.
Ich schick euch täglich auf die Rolle, ihr kennt sie nicht, „Die Protokolle".

Ihr seid nur Sklaven, kleine Scheißer, regt euch nur auf, schreit euch schön heiser
Am Ende zahlt ihr doch nur drauf, so ist nun mal der Welten Lauf
Und kommt die Wahl, werd ich's schon bringen, lass ein paar Schlagerfuzzies singen,
ich bin der Scheißer, du das Klo, dein Zug der fährt nach nirgendwo.

Auf sieben Säulen ruht die Welt, sieben Familien haben das Geld
Ob Rothschild, Cohn oder Donati, man nennt uns auch Illuminati
Mit AIDS verseuchen wir die Welt und machen mit der „Heilung“ Geld
Du zahlst und zahlst und wirst verrecken, so war’s geplant wie mit den Decken,
die mit Pocken wir verseuchten, um die Indianer zu verscheuchen,
die einst Amerika allein bewohnt.

Jetzt weißt du, wer ich wirklich bin, und wenn du kannst dann schrei,
doch keiner wird dich hören, du bist zu klein, ein kleiner Fisch,
ich fress dich auf, ich bin der Hai.
Wer wirklich herrscht, erkennst du nicht, du krebst im Dunklen,
ich herrsch im Licht.
Ob Bankencrash oder Französische Revolution, ich hab’s geplant, ich wusste es schon.
Ich habe AIDS erfunden, ich war dabei, ich bin der Hai, ich bin der Hai.

Der kleine Mann ist dumm geboren, hat schon von Anfang an verloren
Ich bin der Hai, ich fress euch alle, denn ihr sitzt alle in der Falle.
Ich druck das Geld, ich bin der Sieger, ich bin der coole Überflieger.

Ihr seid die Deppen, euch kann man neppen, ihr ackert euch den Buckel krumm
Für ein paar Kröten, da bricht der Knochen, da kracht die Schwarte,
ich mach’ am Tag fast 'ne Milliarde mit einer einzigen Unterschrift,

ihr seid gefangen, ich bin frei, ich bin der Hai, ich bin der Hai.

Ich manipuliere die Weltgeschichte, ich frisiere die Berichte
Bei Pearl Harbor war ich dabei, ich wusste, dass die Japaner kommen,
ich bin der Hai, ich bin der Hai

Ich bin gut drauf, kann immer lächeln, ihr könnt am Ende nur noch röcheln
Ich wickel euch um den kleinen Hunzingerfinger, ihr seid nur arme kleine Stinker
Ich bin der King, ihr seid das Vieh, ihr kriegt mich nie, ihr kriegt mich nie,
ich bin der Hai
Ich bin die Spitze der Elite, wo ich herkomm, da wart ihr nie
Auf Eton wurde ich erzogen, da hat man mich zurecht-gebogen
Ihr wisst gar nicht was Eton ist, ich bin das Gold, ihr seid der Mist.

Vor Sorgen da schlaft ihr kaum ein, so ist es gut, so muss es sein
Und von der Wiege bis zur Bahre, bin ich dabei, ich beut euch aus, ich bin der Hai.
HAHAHAHAHAHA

CD erhältlich bei diehn@bdiehn.eu

Noch ein Gedanke zum Schluss: Ich gehe in den Supermarkt und sehe meist nur...Dreck. Ich sehe nur Sachen, wie wir zum großen Teil gar nicht brauchen und die uns nur krank machen. Eine Volkswirtschaft auf solche kranken Ziele aufzubauen kann nicht funktionieren.

MÖGE DAS BUCH DES LICHTS UNS LEITEN!

Aktie *(2, 24, 26, 32, 76, 85)*

Anteil am Grundkapital einer Aktiengesellschaft (AG, Rechtsform eines meist größeren Unternehmens), verbunden mit bestimmten Mitbestimmungsrechten. Aktien werden von Unternehmen zum Zweck der Kapitalbeschaffung ausgegeben und sind durch diese nicht rückzahlbar. Die Gewinne der AG können den Rücklagen der Gesellschaft zugeführt werden oder an die Aktionäre als Anteilseigner in Form von Dividenden ausgezahlt werden. Aktien sind vorbehaltlich ihrer Zulassung an einer oder mehreren Wertpapierbörsen an der Börse handelbar. Käufer und Verkäufer müssen sich dabei regelmäßig nicht namentlich kennen (haha). Die an der Börse festgelegten Kurse sind die Marktpreise für die Aktien. Kursgewinne ergeben sich für den Verkäufer, wenn der erzielte Kurs über dem Einstandskurs liegt. Liegt er unter dem Erwerbskurs, realisiert er Kursverluste. Gewinne oder Verluste stehen solange auf dem Papier, wie noch kein Verkauf getätigt wird.

Angebot *16, 17, 61, 69, 71, 81, 91, 93, 119, 161, 186)*

Die Menge an Gütern und Leistungen, die Verkäufer auf Märkten absetzen wollen. Die Angebotsmenge hängt dabei auch von den erzielbaren Preisen ab.

Bank *(1, 3, 4, 6, 7, 8, 16, 20, 24, 25, 26, 27, 29, 34, 36, 37, 38, 39, 40, 41, 43, 44, 45, 46, 57, 58, 63, 64, 66, 73, 74, 75, 76, 84, 85, 86, 95, 98, 108, 109, 110, 114, 119, 120, 126, 127, 129, 136, 144, 145, 146, 148, 165, 170, 176, 185, 186, 188, 201)*

Aus dem Italienischen (Banco = Tisch, an dem die Geldwechsler ihre Geschäfte machen).
Unternehmung, die mit relativ geringem Eigenkapital gewerbsmäßig Geld-, Kapital- und Kredit-Geschäfte betreibt. Man unterscheidet der Rechtsform nach die folgenden Banken:
Private Banken und öffentlich rechtliche Banken (Staats-, Landeszentral-, Landes-, Gemeindebanken und Sparkassen) u. Kreditgenossenschaften.
Nach dem (überwiegenden) Geschäftszweig gliedern sich die Banken in:

1. Noten-Banken
mit dem Recht, Banknoten aus-zugeben;
2. Universal-Banken,
die Bankgeschäfte des Geld- und Effektenmarktes betreiben;
3. Depositen-Banken,
die sich vorwiegend auf die verzinsliche Annahme und Verwaltung von Kundschaftsgeldern beschränken;
4. Effekten-Banken,
die sich mit der Finanzierung von Unternehmungen, Anleihe, Emissionen, Gründungen und mit dem Effektenverkehr befassen;

5. Hypotheken- und Pfandbriefbanken,
die gegen Sicherung durch Grundstücksrechte langfristige Kredite einräumen und sich das hierfür notwendige Kapital durch die Ausgabe von Pfandbriefen beschaffen.

Bankmarge *(7, 212)*
Anteil des Zinses, der nicht zur Verzinsung der Einlagen dient und daher der Geschäftsbank zur Abgeltung der Kosten des Geschäftsbetriebes einschließlich des Gewinnes der Bank zufließt.

Banknote *(6, 14, 42, 96, 98, 99, 127, 128, 130, 133, 168, 181, 195, 200, 209, 210, 211)*
Gesetzliches Zahlungsmittel, welches nur von einer Notenbank herausgegeben werden darf (Monopol). Die Emission der Banknoten und Münzen erfolgt durch verschiedene Instrumente der Geldpolitik. Auch Digitalgeld ändert nichts daran. Ich warne vor BITCOINS!

Bedarf *(17, 19, 91, 92, 98, 113, 126, 139, 157, 166, 177, 188)*
Empfindung eines Mangels mit dem Streben nach Beseitigung. Bedarf wird zu Nachfrage, wenn der /die Bedürftige über Geld verfügt und sich der Bedarf auf ein angebotenes Gut richtet.

Bilanz *(197)*
Aufstellung über die Vermögenswerte und Verbindlichkeiten eines Unternehmens. Die einzelnen Posten werden untergliedert in

a) Aktivposten („Mittelverwendung"; im Wesentlichen das Anlage- und das Umlaufvermögen) und

b) Passivposten („Mittelherkunft"; Fremdkapital, Eigenkapital, ggf. Rückstellungen). Die beiden Seiten einer Bilanz sind definitiv gleich groß.

Boden *(69, 82, 100, 101, 102, 103, 104, 105, 119, 137, 167, 205, 207)*

Neben Arbeit und Kapital dritter, unverzichtbarer Produktionsfaktor und Existenzgrundlage aller Menschen. Da Grund und Boden nicht produziert werden können und ein knappes Gut sind, kann aus dem Grundbesitz eine Rente erzielt werden. Ich aber sage, dass diese bisher von Privatbesitzern erzielte Rente der Allgemeinheit zugute kommen muss. Die Erde gehört allen oder niemandem. Was wir brauchen, ist eine Umgestaltung des Steuerrechts (Bodenwertsteuer, die nicht wie bisher den Wert des Gebäudes einschließt) oder Ankauf von Grund und Boden durch die Gemeinden und die Vergabe langfristiger privater Nutzungsrechte (Erbbaurecht). Aus dieser Steuer bzw. den Pachteinnahmen könnte man eine Mütter- oder Kindergeldrente finanzieren.

Brakteaten *(53)*
Hohlpfennige. Einseitig geprägte Münzen; zuletzt im 17. Jh.

Bundesbank

(1, 2, 5, 6, 9, 10, 11, 12, 13, 18, 22, 40, 47, 67, 90, 91, 123, 124, 125, 126, 127, 128, 129, 130, 131, 141, 164, 168, 169, 181, 201, 207)
Noten-/Zentralbank der Bundesrepublik Deutschland.

Bruttosozialprodukt *(34, 37)*

Im Falle der Bundesrepublik Deutschland die von Deutschen erzeugte Bruttowertschöpfung innerhalb eines Jahres. Die Bruttowertschöpfung z. B. der in Deutschland arbeitenden und lebenden Ausländer ist im Bruttoinlandsprodukt (im Inland erzeugte Bruttowertschöpfung) nicht, aber im Bruttosozialprodukt enthalten.

Deflation *(16, 20, 81, 159, 183, 202, 208)*

Situation, in der gesamtwirtschaftlich das Angebot die Nachfrage übersteigt und damit zu einem allgemeinen sinkenden Preisniveau führt. Ansteckende negative wirtschaftliche Erwartungen von Investoren und Verbrauchern führen zu einem Rückgang der Wirtschaftstätigkeit.

Einkommen

(66, 101, 105, 106, 107, 122, 150, 156, 160, 168, 171, 187)
Volkswirtschaftlich gesehen die aus Arbeit oder Kapitaleigentum in einem Zeitraum erworbenen Mittel.

Entwicklungshilfe *(31, 111, 114,115,156)*
Sollte Hilfe zur Selbsthilfe sein und nicht die Ausbeutung der Länder zum Ziel haben, denen man vorgibt zu helfen.

Erbpacht *(103, 105)*
Langfristige Verpachtungen von Grund und Boden, oftmals über 99 Jahre. Der Pächter erhält dabei unter anderem das Recht, das Grundstück zu bebauen, wobei die Gebäude im Eigentum des Pächters bleiben. Nach Ablauf der Erbpachtdauer oder bei vorzeitiger Beendigung des Erbpachtverhältnisses (Todesfall) hat der Grundeigentümer im Regelfall dem Erbpächter das aufstehende Gebäude zum Marktpreis zu entschädigen, womit sich Grundeigentum und Eigentum an der Baulichkeit vereinen.

Ertrag *(1, 83, 150, 206)*
Überschuss der Erlöse über die Kosten.

Euro

(2, 7, 8, 10, 11, 14, 15, 18, 19, 27, 28, 29, 31, 33, 35, 38, 39, 42, 43, 46, 47, 50, 58, 63, 82, 83, 91, 95, 96, 108, 109, 110, 116, 117, 120, 121, 122, 132, 133, 134, 148, 153, 154, 156, 162, 168, 181, 182, 183)
Unter Ökonomen umstrittenes, dennoch trotz verschiedener Risiken beschlossenes Projekt einer gemeinsamen Währung in Europa. Einführung de facto am 01.01.1999.

Exponentialfunktion *(19)*

Mathematische Funktion, bei welcher der Zuwachs des Funktionswertes proportional zum Funktionswert selbst ist. Exponentialfunktionen spielen bei der Dynamik von Systemen eine große Rolle (Wachstum). Beispiele für nach Exponentialfunktionen verlaufende Prozesse sind ungebremstes Zellwachstum (Krebs), Kernexplosionen und der Zinseszins. Der Funktionswert strebt hier für große Argumente gegen unendlich. Bei negativem Exponenten geht der Funktionswert für große Argumente t gegen Null. Beispiel hierfür ist der radioaktive Zerfall. Bei vielen natürlichen Prozessen wird anfangs exponentielles Wachstum durch negative Rückkopplungen gebremst, es ergibt sich dann z.B. eine logistische Wachstumsfunktion mit endlichem Grenzwert.

Export *(100, 112, 116)*

Ausfuhr von Waren oder Dienstleistungen aus dem Inland ins Ausland.

EZB *(1, 2, 5, 134, 207)*

Europäische Zentralbank. Gemeinsame Notenbank der am Euro teilhabenden Länder.

Fremdkapital *(197)*
Wirtschaftlich verwertete und normalerweise zu verzinsende Schulden bzw. Verbindlichkeiten.

Geld *(1, 2, 3, 4, 5, 6, 8, 9, 11, 13, 14, 15, 16, 17, 18, 19m 20, 21, 22, 23, 26, 27, 28, 29, 30, 31, 32, 33, 34, 35, 38, 39, 40, 41, 42, 43, 44, 45, 46, 47, 48, 49, 50, 51, 52, 53, 54, 55, 56, 57, 58, 59, 60, 62, 64, 65, 66, 67, 68, 69, 71, 74, 75, 77, 78, 79, 80, 81, 82, 84, 88, 89, 90, 91, 92, 93, 94, 95, 96, 97, 98, 99, 100, 101, 104, 111, 112, 113, 116, 117, 118, 120, 124, 125, 126, 127, 128, 130, 131, 133, 135, 136, 137, 140, 141, 143, 144, 145, 146, 147, 148, 149, 150, 152, 153, 154, 156, 157, 159, 160, 161, 162, 163, 164, 166, 168, 169, 170, 171, 173, 174, 175, 176, 178, 179, 181, 182, 183, 184, 185, 186, 187, 188, 189, 196)*

Hat Funktionen als Zahlungsmittel, Tauschmittel, Recheneinheit (Wertstandard) und kann auch als Wertaufbewahrungsmittel ge- bzw. missbraucht werden. Geld im engeren Sinne sind die gesetzlichen Zahlungsmittel (Banknoten), im weiteren Sinne das, was allgemein als Tauschmittel auf dem Markt akzeptiert wird (z.B. Überweisungen von Giralgeld, aber auch die ‚Zigarettenwährung' nach dem zweiten Weltkrieg in D). Geld als allgemein anerkanntes Tauschmittel und Wertstandard ist eine Voraussetzung für eine produktive arbeitsteilige Gesellschaft. Geld kann jedoch nicht gleichzeitig als umlaufendes Tauschmittel (als Äquivalent für damit vermittelten Austausch von Leistungen) und Wertaufbewahrungsmittel (als Speicher für geleistete Arbeit) dienen, daher ist eine Unterscheidung in Geld (als umlaufendes Tauschmittel) und Geldguthaben (als ruhender Anspruch auf Geld) wichtig.

Geldguthaben *(97, 201)*
Einlage eines Geldbetrages (meist) bei einer Bank mit Anspruch auf Rückzahlung zu bestimmten Bedingungen (Laufzeit, Verzinsung). Da Geldguthaben nicht als umlaufendes Tauschmittel dienen, ist eine Unterscheidung zwischen beiden wichtig.

Geldmenge *(13, 14, 38, 43, 67, 74, 75, 76, 89, 90, 92, 97, 98, 100, 133, 136, 141, 152, 166, 168, 169, 182, 183, 185, 204, 205, 208, 211, 212)*
Die Deutsche Bundesbank unterscheidet folgende verschiedene Geldmengendefinitionen: M1= Bargeld und (täglich fällige) Sichteinlagen, M2= M1 + Termineinlagen mit Laufzeiten bis vier Jahren, M3 = M2 + Spareinlagen mit gesetzlicher Kündigungsfrist. Für das Funktionieren der Wirtschaft sind die Menge und die Umlaufgeschwindigkeit des Geldes als Tauschmittel (M1) wichtig, weniger die Menge der z. B. in M2 und M3 enthaltenen Geldguthaben, daher halte ich die Definition der Bundesbank für diskussionsbedürftig. Auf keinen Fall ist sie eine staatliche Bank, wie oft behauptet.

Geldpolitik *(10, 205)*
In weiterem Sinn alle Maßnahmen, die eine Beeinflussung monetärer Größen oder Zusammenhänge zum Ziel haben. Im engeren Sinn die Nutzung des Instrumentariums der Notenbank zur Steuerung der Geldmenge. Zu diesem Instrumentarium gehören die Festsetzung von Diskont und

Lombardzinssatz sowie von Mindestreserven, weiter Offenmarktgeschäfte, Inflation, Deflation.

Geschäftsbank *(6, 11, 12, 13, 15, 22, 39, 40, 41, 126, 134, 145, 146, 196)*
Kreditinstitut, das Bankgeschäfte (Entgegennahme von Einlagen, Gewährung von Krediten, Abwicklung des Zahlungsverkehrs, Wertpapiergeschäfte usw.) betreibt.

Gesell, Silvio *(69)*
(1862-1930), deutsch-argentinischer Kaufmann, Begründer der Freiwirtschaftslehre, Hauptwerk: *Die natürliche Wirtschaftsordnung durch Freiland und Freigeld* (1916).

Gewinn
(9, 16, 24, 25, 26, 27, 32, 61, 95, 104, 117, 127, 128, 136, 140, 142, 146, 148, 149, 152, 166, 167, 169, 173, 174, 185, 187, 194, 196, 209, 210, 213)
Zunahme einer Vermögensposition nach Abzug der dafür notwendigen Aufwendungen.

Giralgeldschöpfung *(14)*
Fähigkeit eines Bankensystems unter Einschluss der Zentralbank durch Sichtguthaben im Bankensystem und Vergabe von Krediten die Sichtguthaben insgesamt auf ein Vielfaches der von der Zentralbank zur Verfügung gestellten Zentralbankguthaben anzuheben.

Import *(116)*
Einfuhr von Gütern und Dienstleistungen aus dem Ausland in das Inland.

Index *(26, 67, 82)*
Statistische Maßzahl zur Beurteilung der zeitlichen Veränderung wirtschaftlicher Zahlen, wobei eine ausgewählte Zahl gleich Hundert gesetzt wird, z.B. Preisindex.

Indexwährung *(21, 141)*
Währung, bei der die Steuerung der Geldmenge an die Entwicklung des Preisindexes (vorzugsweise des Großhandelspreisindexes) gekoppelt ist, um auf diese Weise die Währung stabil zu halten. Eine Voraussetzung für die reibungslose Funktion einer Indexwährung ist jedoch eine verstetigte Umlaufgeschwindigkeit des Geldes (Quantitätsgleichung). Im Zusammenhang mit den von der Freiwirtschaft vorgeschlagenen Reformen wird auch von einer „Festwährung" gesprochen.

Inflation
(32, 33, 43, 47, 49, 65, 81, 98, 101, 130, 135, 140, 152, 159, 162, 163, 164, 167, 170, 203, 205, 209, 213)

Aus dem Lat.: „Aufblähen", siehe engl. „to inflate". Ausweitung der Geldmenge durch die Notenbank über das volkswirtschaftlich notwendige Maß hinaus mit der Folge einer allgemeinen Preissteigerung durch Entwertung des Geldes.

(Die „stabile“ DM hatte von 1948 bis 1998 73% ihrer Kaufkraft verloren, andere Währungen noch mehr, z. B. der US-$ 85%, die ital. Lira 96%). Davon zu unterscheiden sind Einzelpreisveränderungen, z.B. Lohnerhöhungen, Steuererhöhungen usw., die nur Preise einzelner Güter und Dienstleistungen verändern bzw. Einkommen umverteilen. Die allgemein verbreitete Auffassung bzw. Definition, Inflation sei eine allgemeine Steigerung des Preisniveaus, halte ich nicht für sinnvoll, da damit nur eine Erscheinung beschrieben wird, die verschiedene Ursachen haben kann (Quantitätsgleichung). Letztlich wird damit die Unfähigkeit der Notenbank (bzw. die Unbrauchbarkeit der Mittel der Geldpolitik) verschleiert, die Geldmenge und auch die Umlaufgeschwindigkeit des Geldes so zu steuern, dass das Preisniveau konstant bleibt und damit die Funktion des Geldes als Wertmesser erhalten bleibt.

Investition

(30, 31, 93, 115, 149, 152, 162, 165, 166, 173, 176, 177, 189, 205, 209, 213)

Aus der Sicht des Produzenten Verwendung von Gütern für die Erzeugung weiterer Güter, aus Sicht des Konsumenten Anschaffung eines langlebigen Konsumgutes. Kann weiter in Brutto- und Netto (Erweiterungs-) Investition unterteilt werden, wobei die Nettoinvestition gleich der Bruttoinvestition abzüglich der Ersatzinvestition (Erneuerung verschlissener Produktionsgüter) ist. Investitionen ersetzen, erneuern und erweitern das Sachkapital.

IWF *(29, 30)*
Internationaler Währungsfonds (engl. IMF- International Monetary Fund), 1944 in Bretton Woods gegründet.

Jokervorteil *(48)*
Von Dieter Suhr geprägter Begriff für die Eigenschaft des Geldes, zu jeder Zeit und an jedem Ort und gegenüber jedem Anbieter als Nachfrage auftreten zu können (Liquiditätsprämie).

Kapital
(17, 19, 32, 37, 45, 64, 68, 69, 70, 71, 77, 78, 82, 89, 106, 111, 116, 117, 143, 147, 148, 150, 161, 166, 167, 177, 180, 186, 188, 189, 194, 195, 196, 197, 198, 200, 206, 208, 209, 212)

Wird in der Schulökonomie neben Arbeit und Umwelt/Boden als dritter Produktionsfaktor betrachtet. Es wird zwischen Geldkapital und Sachkapital unterschieden.

Kapitalismus *(18, 32, 67, 72)*

Nach Marx Gesellschaftsform, die durch den Klassengegensatz zwischen den Produktionsmittel besitzenden Kapitalisten und den durch diese ausgebeuteten besitzlosen Proletariern (Arbeiterklasse) gekennzeichnet ist. Ich sage, es ist ein

Zustand instutionalisierter Knappheit, welcher es dem (Geld und Sach-) Kapital ermöglicht, einen Kapitalertrag zu erzwingen.

Knappheit *(17, 41, 60, 166, 167, 173, 184, 207)*

Marktverhältnis, in dem die Nachfrage das Angebot übersteigt.

Konsum *(17, 22, 31, 32, 33, 45, 52, 107, 150, 151, 177, 205)*
Verwendung von Gütern für den Verbrauch.

Liquidität *(17, 21, 33, 38, 112, 168, 188, 206, 207, 208, 211, 213)*
Eigenschaft eines Gutes (bzw. dessen Besitzers), damit jederzeit andere Waren oder Dienstleistungen kaufen zu können.

Liquiditätspräferenz *(17)*
Neigung der Wirtschaftsteilnehmer, ihre Vermögenswerte in liquider Form zu halten. Die Liquiditätspräferenz ist vor allem abhängig vom Zinsniveau und der Sicherheit bzw. Unsicherheit des wirtschaftlichen und gesellschaftlichen Umfeldes.

Liquiditätsprämie *(206, 210)*
Aus der Liquiditätseigenschaft eines Gutes resultierender Vorteil. Bei Geld wird dieser Vorteil nur gegen Zahlung eines Zinses (für ein nicht mehr liquides Guthaben) aufgegeben.

Marktwirtschaft *(29, 66, 140)*

Wirtschaftssystem, in dem sich Preise und Mengen der angebotenen Güter über Angebot und Nachfrage auf dem Markt selbst regulieren.

Marx, Karl

(63, 67, 68, 69, 70, 71, 72, 105, 131, 141, 142, 147, 148, 149, 186, 206)
(1818-1883), deutscher Ökonom, Hauptwerk *Das Kapital*, Begründer des „wissenschaftlichen Sozialismus".

Nachfrage

(16, 48, 69, 71, 74, 98, 100, 152, 156, 157, 159, 161, 162, 164, 165, 168, 171, 186, 196, 198, 206, 207, 208, 212)
Menge an Gütern und Dienstleistungen, die Käufer auf Märkten erwerben wollen und (mittels Geld) bezahlen können.

Notenbank

(2, 6, 9, 13, 14, 15, 19, 42, 56, 65, 95, 132, 134, 159, 196, 202, 205, 212)
Zentralbank eines Landes. Sie ist für die nationale Währung und die Geldversorgung der Wirtschaft verantwortlich. In Deutschland bisher die Deutsche Bundesbank, seit 1999 ist die Europäische Zentralbank (EZB) für die gemeinsame Währung der an der Europäischen Währungsunion teilnehmenden Länder verantwortlich.

Produktionsfaktor *(197, 206)*
Güter und Leistungen, die in den Produktionsprozess eingehen. Nach klassischer Auffassung sind die hauptsächlichen Produktionsfaktoren die Arbeit und das Kapital, wobei der Boden oftmals dem Kapital zugerechnet wird. Einflüsse, die keinen Preis haben (z.B. durch die Natur, durch unbezahlte Arbeitsleistungen) werden üblicherweise nicht berücksichtigt. Die herkömmliche Einteilung der Produktionsfaktoren erscheint daher zumindest sehr diskussionswürdig. Da alle nicht in der Natur vorhandenen Produktionsfaktoren (Sachkapital wie Maschinen, Gebäude usw.) durch menschliche Arbeit geschaffen wurden, ist die Arbeit als ein primärer Produktionsfaktor zu betrachten.

Quantitätsgleichung *(204, 205)*
Geldmenge (M) x Umlaufgeschwindigkeit (U) = Preisniveau (P) x Handelsvolumen (Y). Trifft jedoch nicht immer zu.

Realkapital *(89)*
Dinglich existentes Kapital, z. B. Maschinen, Immobilien, Fahrzeuge usw., zu unterscheiden vom Geldkapital.

Realverzinsung *(209)*
Um die Entwertung durch Inflation oder den Kaufkraftzuwachs durch Deflation bereinigte Verzinsung auf Seiten des Gläubigers.

Rendite
(22, 117, 163, 177, 188, 214)

Relation von Gewinnen bezogen auf den Kapitaleinsatz. Die (realwirtschaftlichen) Gewinne werden dafür um einen kalkulatorischen Unternehmerlohn bereinigt, um eine Vergleichbarkeit mit dem Zins zu erreichen.

Rente *(7, 31, 121, 153, 197, 210)*

Einkommen aus Vermögen. (Davon zu unterscheiden ist die Altersrente.)

Sachkapital *(206, 209, 210)*

Das in Investitionsgütern (z.B. Maschinen, Anlagen, Gebäuden) verkörperte Kapital.

Schulden
(7, 8, 9, 12, 22, 28, 32, 33, 35, 47, 49, 52, 63, 76, 77, 79, 89, 95, 108, 111, 112, 113, 114, 115, 118, 119, 120, 124, 125, 128, 133, 147, 179, 200)

Verpflichtung zur Zahlung von Geld, oftmals innerhalb bestimmter Fristen oder zu festgelegten Fälligkeiten. Die Summe aller Schulden ist gleich der Summe aller (Geld-) Guthaben.

Seriengeld *(21)*

Von mir vorgeschlagene Banknoten, die in unterschiedlichen Serien ausgegeben werden, wobei die Serien durch z.B. verschiedene Farbkennungen oder Symbole voneinander unterscheidbar sind. Der Zweck der Serien besteht darin, sie einzeln zu einem kostenpflichtigen Umtausch aufrufen zu können und so die Liquiditätsprämie des Bargeldes zu neutralisieren ohne bei jedem Umtausch auf eine gesamte Stückelung zugreifen zu müssen.

Sichtguthaben *(203)*

Täglich („auf Sicht") verfügbare Guthaben auf Girokonten.

Sparen
(28, 42, 74, 109, 122, 141, 147, 153, 154, 170, 186, 187)

Aus Sicht des Einzelnen Nichtverwendung eines Teiles seines Einkommens für den Konsum. Volkswirtschaftlich entspricht die reale Ersparnis der Investition.

Spekulation *(24, 34, 94, 104, 105, 140, 163)*

Transaktion mit dem Ziel, einen Gewinn aus erwarteten zukünftigen Preis- oder Kursdifferenzen zu erzielen.

Stempelgeld *(99)*

Nicht was Sie vielleicht denken, sondern Geld, bei dem die Umlaufsicherung von Banknoten durch die Auflage realisiert wird, die Noten bei einer öffentlichen Stelle „frei stempeln" zu lassen oder mit Wertmarken (ähnlich Briefmarken) freizumachen. Diese Form wurde bereits bei dem Wära- und Wörgl- Experiment angewandt.

Transaktion *(32, 97, 112, 113, 211)*

Übergang eines realen Gutes, einer Dienstleistung oder einer Forderung von einem Wirtschaftsteilnehmer auf einen anderen.

Umlaufsicherung *(13, 14, 51, 67, 92, 211)*

Maßnahme, um den Entzug von Geld aus der Realwirtschaft zu verhindern und die Liquiditätsprämie zu neutralisieren.

Vermögen
(5, 18, 19, 22, 65, 66, 77, 99, 163, 179, 187, 196, 197, 203, 210)
Gesamtheit der rechtlich einem Wirtschaftssubjekt zugehörigen Vermögenswerte abzüglich der Schulden.

WÄRA- Experiment *(212)*
Eine 1929 in Erfurt gegründete überregionale Tauschgemeinschaft, die ein eigenes, mit Umlaufsicherung belegtes Ersatzgeld herausgab. Über 1000 Firmen nahmen an diesem Experiment teil. Das Experiment wurde 1931 vom Reichsfinanzminister verboten, nachdem es sich in einer Ortschaft in Bayern (Schwankirchen) auch regional verdichtet hatte.

Wechselkurs *(13, 15, 134, 162, 182, 213)*
Austauschverhältnis verschiedener Währungen. Der Wechselkurs wird, wenn er nicht staatlich festgelegt ist, durch Angebot und Nachfrage am Devisenmarkt bestimmt. Die Ökonomen messen dabei den unterschiedlichen nationalen Geldpolitiken der Notenbanken (Geldmengen- und Zinspolitik) sowie den Produktivitäts- und Kaufkraftunterschieden in den Ländern Bedeutung zu.

Wörgl *(54, 55, 56, 212)*
Gemeinde in Tirol, die 1932 ein eigenes, mit Umlaufsicherung belegtes „Notgeld“ oder Freigeld einführte. Als sich rund 170 weitere Gemeinden für das äußerst erfolgreich verlaufende Experiment interessierten, wurde es verboten.

Zentralbank
(1, 3, 4, 6, 10, 14, 15, 35, 38, 39, 40, 98, 198, 200, 203, 208)
siehe Notenbank.

Zentralbankgeld *(38, 39, 40)*
Summe aus Banknoten- und Münzumlauf zuzüglich der von den Kreditinstituten bei der Zentralbank gehaltenen Verrechnungsguthaben.

Zins *(2, 5, 6, 7, 8, 10, 11, 12, 13, 14, 16, 17, 18, 19, 20, 21, 22, 28, 29, 31, 33, 34, 35, 36, 37, 40, 42, 43, 44, 45, 47, 48, 49, 50, 51, 52, 55, 57, 58, 59, 60, 61, 62, 63, 64, 65, 66, 69, 71, 76, 78, 79, 80, 81, 87, 89, 91, 92, 93, 94, 95, 96, 97, 98, 100, 101, 103, 108, 109, 110, 111, 112, 114, 115, 116, 117, 118, 119, 120, 125, 128, 133, 136, 139, 143, 144, 145,*

146, 147, 148, 149, 150, 152, 153, 154, 155, 156, 157, 158, 159, 160, 161, 162, 163, 164, 166, 167, 168, 169, 170, 171, 172, 173, 174, 175, 176, 177, 178, 179, 180, 181, 183, 184, 185, 186, 187, 188, 189, 196, 203, 207, 209, 210, 213

Preis für die zeitweise Überlassung von Geld oder Kapital. Der (Schuld-) Zins setzt sich zusammen aus Bankmarge (Kosten für die Kreditvermittlung), Risikoprämie, Inflationsausgleich, Knappheitspreis und Liquiditätsverzichtsprämie. Je nach Laufzeit und Sicherheiten ergeben sich unterschiedliche Zinsraten, eine sogenannte „Zinstreppe". Zins ist „Scheingeld", das nie zurückgezahlt werden kann, da der Zins die im Umlauf befindliche reale Geldmenge immer erhöht. Für diese Überhöhung ist aber gar kein reales Geld da. Ich sage: Zins ist Schwindel, unmoralisch und menschenfeindlich. Auch den angeblichen „Null Zins" von heute gibt es nicht, bzw. Er ist nicht wirksam, weil das Geld nicht zugleich, wie hier gelehrt, an Wert leicht abnimmt und so in den Umlauf gezwungen wird. Es handelt sich in der jetzigen Situation (2020) um eine finanzielle Repression. Man stürzt sich auf Aktien Rendite. Die Konzerne gewinnen und der normale Sparer zahlt drauf. Von wegen null Zinsen. Rendite sind ja nichts weiter als Zinsen.

Zinseszins

(7, 18, 22, 36, 49, 64, 149, 158, 200)

ist noch unmoralischer und menschenfeindlicher. Zins auf ehemals aus Zinsen entstandene Guthaben. Der Zinseszinseffekt bewirkt ein exponentielles Wachstum der Guthaben und damit, gesamtwirtschaftlich betrachtet, letztlich auch der Schulden. Die Brisanz dieses Mechanismus wird meiner Ansicht nach in der sonstigen Ökonomie stark unterschätzt bzw. ignoriert.

Mehr Bücher zum Thema Eurocrash und Schuldenfalle

Als mein Buch *Der wahre Bankenschwindel* erschien und ich die ersten Lesungen daraus hielt, ahnte ich nicht, welches Aufsehen dieses Buch erregen würde und welche detaillierten Fragen (von Laien und Fachleuten) auf mich zukommen würden. Da wurde mir erst bzw. wieder die Wichtigkeit und Ernsthaftigkeit dieses Themas, aber auch die VERANTWORTUNG bewusst, die ich durch die Veröffentlichung dieses Buches auf mich nahm. Die Entwicklung in die Schuldengesellschaft geht weiter, die Probleme, die aus dem gegenwärtigen zinsbelasteten Geldsystem erwachsen, nehmen drastisch zu. Und jetzt, bei wachsender Staatsverschuldung und Schwindel erregender Zinsbelastung wachen die Menschen in unserem Land so langsam auf. **Darum entschloss ich mich, das Thema Zinsfreies Umlaufgesichertes Geld (ZUG) im Detail zu behandeln, um dem „ZUG" eine neue Richtung zu geben.** DIESER ZUG fährt nicht nach Nirgendwo, sondern in eine Gesellschaft der sozialen Gerechtigkeit.

Christian Anders: "DER RUB€L MUSS ROLLEN!" ISBN 978-3-937699-15-8

„Der Euro Crasht“. Besser wäre gewesen „Alle Weltwährungen crashen!" Genau das wird geschehen, wie ja schon von mir in meinem Finanzhauptwerk "Der Rubel muss rollen" angedeutet. DIE GESAMTE WELT IST PLEITE!!! Auch in *"Der Euro crasht"* sage ich übrigens den Zusammenbruch aller Weltwährungen voraus. Und zwar beginnt es eigentlich mit den **großen** Nationen, nicht mit den kleinen. Und nun ist es soweit, das heißt, es war schon lange soweit. Nur wird es uns Häppchenweise von den Bilderberger gesteuerten Medien enthüllt. Als Erstes bricht nämlich Amerika zusammen. Dann wird Deutschland folgen, dann China. In etwa dieser Reihenfolge. Wird gar nicht mehr lange dauern. Man könnte von Rechtswegen Amerika und Deutschland der INSOLVENZVERSCHLEPPUNG beschuldigen, denn beide Staaten sind PLEITE, haben es der Welt noch nicht kundgetan. Und zwar sind sie so total pleite, totaler geht es gar nicht. Erfahren Sie im Buch, dass sich Amerika schon lange auf eine neue Währung vorbereitet und wie die heißen soll. Und ob es die LÖSUNG ist? Und nun muss ich mal eine Lanze brechen für die angeblich so korrupten Banker. WARUM ? Im Buch finden Sie den Grund.“

Christian Anders: "Der Euro crasht. Was dann?"
ISBN: 978-3-937699-29-5

Mehr vom Autor Christian Anders

Romantisches

Der Brief
ISBN: 978-3831131785; 191 Seiten; deutsch
Der Freigänger
ISBN: 978-3831143122; 114 Seiten; deutsch
Der Untergang von Taro Torsay
ISBN: 978-3-937699-07-3; 104 Seiten; deutsch
Die Mauer. Liebe ist stärker.
ISBN: 978-3-937699-44-8; 204 Seiten; deutsch
Karatemeister Steve Tender. Odyssee der Rache.
ISBN: 978-3-937699-12-7; 155 Seiten, deutsch

Kritisches

The Man W.H.O. created AIDS
ISBN: 978-3831106226; 514 Seiten; englisch
Der Mann, der AIDS erschuf
ISBN: 978-3-937699-39-4; 300 Seiten; deutsch
Darwin irrt!
ISBN: 978-3-937699-00-4; 182 Seiten; deutsch
Der wahre Bankenschwindel
ISBN: 978-3.3831140459; 212 Seiten; deutsch
DER RUB€L MUSS ROLLEN
ISBN: 978-3-937699-15-8; 227 Seiten; deutsch
Literarischer Rebell
ISBN: 978-3-937699-04-2; 238 Seiten; deutsch
Der Euro Crasht. Was dann?
ISBN: 978-3-937699-29-5; 92 Seiten; deutsch
Der Impfwahnsinn. Impfen – die Lüge des Jahrhunderts
ISBN: 978-3-937699-30-1; 139 Seiten; deutsch

Grippewelle durch Chemtrails
ISBN: 9783937699738; 120 Seiten; deutsch

Biografisches
Über Nacht ein Star
ISBN: 978-3-937699-02-8; 452 Seiten, deutsch

Esoterisches
The Secret of the seven Seals
ISBN: 978-3898117715; 104 Seiten; englisch
Das Geheimnis der sieben Siegel
ISBN: 978-3-937699-47-9; 55 Seiten; deutsch
Divine Message from the True God
ISBN: 978-3898118620; 176 Seiten; englisch
Der Sinn des Lebens – NIRVANA
ISBN Band I: 978-3898114295; 484 S.; deutsch
ISBN Band II: 978-3898114301; 500 S.; deutsch
Seelenatem-Meditation
ISBN: 978-3-937699-71-4; 84 Seiten; deutsch
Die wahre Bedeutung der Bibel sowie die Wahrheit über Jesus Christus
ISBN: 978-3-937699-06-6; 219 Seiten; deutsch
Doppelband: Zwei in einem! Englisch und Deutsch!
Die Botschaft des wahren Gottes NIRVĀNA & Divine Message from the True God
ISBN: 978-3-937699-13-4; 268 Seiten
Dantes Internet Inferno
ISBN: 978-3-937699-34-9; 90 Seiten; deutsch
Das Geheimnis des vollen Haares
ISBN: 978-3-937699-42-4; 90 Seiten, deutsch
Das illustrierte Buch des Lichts
ISBN: 978-3-937699-21-9; 81 Seiten; deutsch
Das Buch des Lichts, Band I

ISBN: 978-3-937699-05-9; 151 Seiten; deutsch
Das Buch des Lichts, Band II
ISBN: 978-3-937699-10-3; 142 Seiten; deutsch
Das Buch des Lichts Band III
ISBN: 978-3-937699-26-4; 142 Seiten; deutsch
Das Buch des Lichts Band IV
ISBN: 978-3-937699-32-5; 150 Seiten, deutsch
Das Buch des Lichts Band V
ISBN: 978-3-937699-36-3; 186 Seiten, deutsch
Das Buch des Lichts Band VI
ISBN: 978-3-937699-38-7; 162 Seiten, deutsch
Das Buch des Lichts Band VII
ISBN: 978-3-937699-41-7; 189 Seiten, deutsch
Das Buch des Lichts Band VIII
ISBN: 978-3-937699-46-2; 160 Seiten, deutsch
Das Buch des Lichts Band IX
ISBN: 978-3-937699-48-6; 184 Seiten, deutsch
Das Buch des Lichts Band X
ISBN: 978-3-937699-49-3; 174 Seiten, deutsch
Das Buch des Lichts Band XI
ISBN: 978-3-937699-80-6; 156 Seiten, deutsch
Die wahren Herrscher der Welt
ISBN: 978-3-937699-69-1; 64 Seiten, deutsch
Was die Engel uns lehren
ISBN: 978-3-937699-77-6; 158 Seiten, deutsch

Kinderbücher

Das Buch des Lichts für Kinder
ISBN: 978-3-937699-40-0; 46 Seiten, deutsch
The Book of Light for children
ISBN: 978-3-937699-81-3; 46 Seiten, englisch
Die Abenteuermaus und der Gurkenpilot
ISBN: 978-3-937699-85-1; 44 Seiten, deutsch

Die Abenteuermaus und das traurige Mammut
ISBN: 978-3-937699-87-5; 50 Seiten, deutsch
Die Abenteuermaus und die CORONA Helden
ISBN: 978-3-937699-16-5: 66 Seiten, deutsch
ISBN: 9783937699165; 69 Seiten; deutsch
Die Abenteuermaus und der Klimawandel (mit Ausmalteil)
ISBN: 9783937699516; 59 Seiten; deutsch
Die Abenteuermaus und der Koala Bärl (mit Ausmalteil)
ISBN: 9783937699936; 59 Seiten; deutsch
Die Abenteuermaus und die Marsmännchen (mit Ausmalteil)
ISBN: 9783937699523; 59 Seiten; deutsch

Bestellen und mehr Info

Verlag Elke Straube
01778 Geising,
Lindenallee 18
Fon: 0174/13 34 337
Fax: 035056/23784
Internet : www.straube-verlag.com
elke.straube@web.de

Bestellen:

www.amazon.de,
elke.straube@web.de
oder in jeder Buchhandlung!

Mehr über die Bücher von Christian Anders:

www.christiananders.com
www.straube-verlag.com
www.amazon.de